Cómo enseñar
autoestima

Gershen Kaufman

Lev Raphael

Pamela Espeland

EDITORIAL
PAX MÉXICO

Título de la obra en inglés: *A Teacher's Guide to Stick up for Yourself!*
Every Kid's Guide to Personal Power and Positive Self-Esteem
Publicada por Free Spirit Publishing Inc.

COORDINACIÓN EDITORIAL: Matilde Schoenfeld
PORTADA: Víctor M. Santos Gally

© 2000 Gershen Kaufman, Lev Raphael y Pamela Espeland
© 2005 Editorial Pax México, Librería Carlos Cesarman, S.A.
           Av. Cuauhtémoc 1430
           Col. Santa Cruz Atoyac
           México, D.F. 03310
           Teléfono: 5605 7677
           Fax: 5605 7600
           editorialpax@editorialpax.com
           www.editorialpax.com

Primera edición
ISBN 978-968-860-679-7
Reservados todos los derechos
Impreso en México / Printed in Mexico

Índice

Lista de páginas reproducibles

Qué es la autoestima y por qué deberíamos enseñarla

La autoestima es la habilidad psicológica más importante que podemos desarrollar con el fin de tener éxito en la sociedad. Tener autoestima significa estar orgullosos de nosotros y experimentar ese orgullo desde nuestro interior. Sin autoestima, los niños dudan de sí mismos, ceden frente a la presión de sus compañeros, se sienten inútiles o inferiores y pueden consumir drogas o alcohol como un pretexto para justificarse. Cuando tienen autoestima, los niños se sienten seguros en su interior, están más dispuestos a arriesgarse y a ser responsables de sus actos, pueden enfrentar los cambios y desafíos de la vida, y tienen la flexibilidad necesaria para enfrentar el rechazo, la decepción, el fracaso y la derrota.

La autoestima *no es* egocentrismo, *ni* arrogancia, *ni* superioridad. Desafortunadamente, ha sido confundida con las tres cosas (y también con narcisismo, vanidad e insolencia), lo cual contribuyó a "rechazar la autoestima". Probablemente el lector ha visto los artículos o ha escuchado la afirmación de que demasiada autoestima es perjudicial para los niños. Nada podría estar más lejos de la verdad. La aprobación indiscriminada, la adulación, el ascenso social y la autovaloración inflada artificialmente son perjudiciales para los niños, pero esto no tiene nada que ver con la autoestima. La autoestima se basa en hechos y verdades, en logros y capacidades; así cuanto mayor y más fuerte sea la autoestima de los niños, mejores condiciones tendrán para recorrer su camino en el mundo.

El egocentrismo, la arrogancia y el sentimiento de superioridad no resultan del orgullo genuino sino que son resultado del *desprecio* hacia los demás. El orgullo nace del gozar de nosotros, de nuestros logros y de nuestros talentos y habilidades, pero no tiene nada que ver con disminuir a los demás.

El desprecio muchas veces se hace pasar por orgullo, pero es un orgullo falso. Cuando despreciamos a otros, es porque los consideramos inferiores a nosotros; sin embargo, en secreto nosotros nos sentimos *inferiores*. El desprecio así nos permite elevarnos momentáneamente por encima de estos sentimientos de inferioridad, pero para sostener esta forma de sentir debemos buscar continuamente sobre quién poder sentirnos superiores –alguien a quien podamos vencer para sentirnos que somos mejores.

El desprecio es el origen de dos grandes problemas que nuestras escuelas (y el mundo) enfrentan hoy: la prepotencia y la violencia. Prepotentes que insultan, burlan o molestan a otros son niños sin autoestima positiva ni orgullo genuino; además carecen de habilidades sociales y empatía, y pueden tener otros problemas serios, incluidos padres o hermanos mayores que los intimidan, enojos profundos, celos del éxito de los demás y soledad. Para intimidar a los demás, uno debe creer que los sentimientos, deseos y necesidades de los otros no cuentan por lo cual uno debe despreciarlos.

Cuando el desprecio se combina con sentimientos de impotencia y vergüenza, puede acabar en una situación violenta. Esto lo advertimos en el uso de armas de fuego en las escuelas, que tan profundamente nos ha impactado en los últimos años. Los niños y adolescentes que hirieron a sus compañeros y maestros no eran alumnos con autoestima positiva y orgullo genuino. Algunos eran intimidados, atormentados y humillados por sus compañeros, y otros eran rechazados, excluidos e ignorados. Por razones que nunca comprenderemos totalmente, estos niños desarrollaron un desprecio absoluto por los demás, junto con un deseo de venganza. No sólo no importaban los sentimientos, deseos y necesidades de los otros sino tampoco sus *vidas*.

La autoestima no es la culpable en este caso; más bien, la *falta* de autoestima positiva puede llevar a que algunos niños cometan actos inapropiados, hirientes o incluso desesperados. Cuando ayudamos a los niños a desarrollar su autoestima, no enseñamos a subestimar a los otros, ni a despreciarlos; más bien, les enseñamos a sentirse orgullosos y satisfechos de sí mismos cuando hacen lo correcto (y responsables de sí mismos cuando no lo hacen), a celebrar sus logros (tanto los tangibles como los intangibles), a saber qué cosas pueden admitir (y qué cosas no) y a esforzarse por ser mejores en todos los aspectos. Cuando los niños comprenden de forma sólida sus deseos y necesidades, cuando confían en sus emociones y percepciones, cuando conocen sus capacidades en forma realista, y cuando tienen poder personal –el sentirse internamente seguros y confiados– no hay necesidad de rebajar a los demás.

No nacemos con autoestima, sino que la aprendemos, lo cual significa que puede ser enseñada. Creemos que a todos los niños se les deben enseñar las habilidades del poder personal y la autoestima tanto en el hogar como en el salón de clases, junto con la lectura, la escritura y la aritmética. Todas estas "cosas fundamentales" funcionan en conjunto.

Consideraciones acerca de este libro

Esta obra ayuda a que los niños de tercero a séptimo grados construyan su autoestima, sean más conscientes de sí mismos y desarrollen y practiquen la asertividad. Fue diseñada para ser aplicada en el salón de clases, pero también puede usarse en otros contextos grupales, como grupos de consulta, actividades extraescolares, grupos de jóvenes, clubes y actividades comunitarias.

Esta guía fue ideada para utilizarla con el libro para escolares *¡Defiéndete! desarrolla tu poder personal y autoestima*. Se pide a los estudiantes que lean partes de este volumen antes y/o durante cada clase, por lo cual conviene tener disponibles varios ejemplares de él si es posible. Lo ideal es que cada estudiante tenga un ejemplar.

El libro para estudiantes se basa en un programa diseñado originalmente para adultos, adaptado para niños de 8 a 12 años. Con la lectura del libro y con los ejercicios escritos de "Para ti en lo personal", los niños pueden aprender conceptos esenciales de autoestima por sí mismos. Este aprendizaje se torna muy importante en un contexto de grupo o de salón de clases, donde los niños pueden aprovechar la guía de un adulto responsable y las oportunidades de explorar los conceptos más profundamente por medio de actividades y debates.

Esta Guía para maestros incluye instrucciones claras y completas para 10 clases consecutivas, cada una de las cuales se presenta organizada de forma lógica y paso por paso. Las clases están escritas, lo cual permite leer muchas partes en voz alta, si lo deseamos. Nuestro objetivo fue crear una guía que resultara fluida y fácil de usar para cualquier maestro o adulto que guíe a un grupo, ya sea principiante o experto. Asimismo, la guía contiene sugerencias para realizar actividades adicionales relacionadas con el programa de estudios, y una lista de fuentes.

Consideraciones acerca de las clases

Las clases consisten en lo siguiente:

a. ¿Qué significa defenderte?
b. Ser responsable de tu conducta y de tus sentimientos.
c. Aprende a elegir.
d. Llama a tus sentimientos por su nombre.
e. Hablemos de los sentimientos.
f. Expresa tus sueños.
g. Manifiesta tus necesidades.
h. Cómo obtener y utilizar el poder personal.
i. Construye tu autoestima.
j. Defiéndete desde ahora en adelante.

Cada clase incluye las partes que siguen:

a. Panorama general: presenta y describe brevemente los temas de la clase.
b. Resultados buscados: establece el propósito de la clase y lo que los estudiantes deben ser capaces de hacer luego de participar en la clase.
c. Materiales: se detallan todos los materiales (fotocopias, materiales para escribir, etc.) que tú y tus alumnos necesitarán para la clase.
d. Agenda: te proporciona un plan claro y sintético de la clase completa.
e. Actividades: una guía paso a paso por medio de la clase, desde la introducción hasta el final.

Cada actividad se relaciona con uno o más resultados buscados en los alumnos.

Líneas generales

1. Familiarízate con el taller completo antes de comenzar la primera clase. Lee primero esta introducción y "Cómo prepararte" y luego las 10 clases y las "Actividades adicionales".
2. Date tiempo para preparar cada clase. Asegúrate de tener todos los materiales necesarios, incluido un número suficiente de fotocopias utilizadas en cada clase.

3. Usa los grandes márgenes con que fue diseñada esta guía, pues tienen un objetivo: darte un amplio espacio para hacer notas y observaciones, narrar experiencias personales, formular preguntas adicionales y explicar ideas, reacciones y cualquier otra cosa que se te ocurra. Esperamos que personalices esta guía y le des tu propio uso.

4. Mantén informados a los padres acerca de lo que haces en el taller. Invítalos a que planteen preguntas antes, durante y después. Consulta "Informar y hacer participar a padres y tutores" (pág. xvii).

5. Recuerda que como adulto afectuoso y responsable estás en posición de ayudar a los estudiantes a desarrollar su poder personal y autoestima. Trátalos con respeto, anímalos a hacer su mejor esfuerzo sin esperar resultados perfectos, dales permiso para equivocarse y arriesgarse, concédeles la oportunidad de elegir y decidir, invítalos a compartir sus sentimientos, necesidades y sueños acerca del futuro, busca que tus estudiantes puedan confiar en ti y conversar contigo acerca de las cosas que les preocupan y les importan.

Papel que desempeñas como maestro

En este taller, el papel del maestro será un poco diferente del que estás acostumbrado a tener. Vas a estructurar las actividades y a organizar el contexto físico de la clase, igual que lo haces en otras situaciones de enseñanza; pero, en cierto sentido, en este caso los estudiantes determinarán el contenido. Sus experiencias de vida serán las bases del debate. Por esta razón, tal vez te sientas inseguro de tu habilidad para responder y enseñar, y quizá no te sientas tan confiado como en otras situaciones de enseñanza. Dos cosas pueden ayudarte al respecto:

- Estar dispuesto a servir de modelo para tus alumnos.
- Conocer las herramientas que se presentan en el taller.

Comprobamos que los maestros dispuestos a servir de modelos para sus alumnos, compartiendo con ellos sus experiencias y sentimientos, hacen un trabajo más efectivo y terminan el taller con el sentimiento de que algo significativo sucedió para todos, incluso para ellos mismos.

Ser modelo significa permitir que los estudiantes vean que tú también vives situaciones en las que necesitas ordenar tus sentimientos, juzgar qué se requiere en un momento dado, etcétera. No significa por fuerza compartir tus sentimientos en todas las actividades, pero cada vez que veas una oportunidad de facilitar la comprensión de tus alumnos compartiendo una experiencia o sentimiento personal hazlo.

Las herramientas presentadas en el taller incluyen la "Lista Feliz" (págs. 30-32), la "Lista de cosas hechas por mí" (págs. 70-72) y los métodos para "Hablar de las cosas contigo mismo" (págs. 58-59, 69-70 y 81-82). Practica con las herramientas de tal modo que estés capacitado para servir de modelo a tus estudiantes. Si comienzas a escribir tu "Lista Feliz" y tu "Lista de cosas hechas por mí", tendrás ejemplos para compartir con tus alumnos cuando les presentes estas herramientas.

Tu papel como líder de los debates

1. Como maestro, te encargas de proveer la estructura. Ten en claro el propósito de cada clase y muestra a los estudiantes que sabes que tu función consiste en hacer que la clase avance.

2. Es importante que todo aquel que quiera compartir sus sentimientos tenga oportunidad de hacerlo; pero algunas veces tendrás que avanzar en la clase antes de que el alumno haya expresado todo lo que quería decir. Cuando esto ocurre, es bueno que le digas "reconsideraremos tu asunto si queda tiempo".

3. Algunas veces los estudiantes desearán compartir sus pensamientos y sentimientos, y otras no lo desearán. Hazles comprender que está bien decir "paso". Al mismo tiempo, anímalos a compartir sus sentimientos cuando se hallen cómodos, porque compartir permite que el grupo pueda ofrecer respuestas y apoyo. Haz notar que escuchar también puede enseñarnos mucho.

4. Cuando los estudiantes hablen, apóyalos y anímalos. No emitas juicios acerca de lo que dicen. Tal vez en alguna ocasión desees señalar algunas opciones que ellos tienen, pero nunca les indiques directamente qué elección deberían hacer o qué cosa deberían pensar; más bien aprecia cada pequeño progreso de tus alumnos y haz comentarios favorables al respecto.

5. Intenta no hablar demasiado, pues este grupo es para los alumnos y necesitas que participen. Cuando tengas algo por decir, trata de que sea breve y conciso y luego reincorpora a los alumnos en el debate.

6. Busca hacer preguntas abiertas, es decir, no formules preguntas que puedan ser respondidas sólo con un sí o un no, por ejemplo: puedes preguntar "¿cómo te sentirías si...?", en lugar de "¿te sentirías enojado si...?"

7. Si quieres aportar una experiencia personal sin mencionar que es tuya, podrás comenzar diciendo "tengo un amigo que..."

8. Si alguien monopoliza el debate, desvía discretamente de ella o de él la atención del grupo, por ejemplo: puedes decirle, "Gracias por compartir tus experiencias. Ahora escuchemos lo que piensan los otros miembros del grupo".

9. Busca formas de hacer participar a todos. Si tienes un alumno que no está listo para intervenir en las discusiones, encuentra otro papel para él. Puede ser que acomode las sillas, distribuya los papeles con los ejercicios, o puedes pedirle que te ayude a no olvidar algo.

10. Considerar la vida (la tuya y la de tus alumnos) como si fuese un viaje resulta muy provechoso. Lo que observas, escuchas y aprendes en el camino es extraordinario. Si logras comunicar este sentimiento a tus alumnos, los ayudarás a percibir los cambios como procesos deseables y naturales.

Derechos de los niños

La confidencialidad es importante para el éxito de este taller, pero si observas o te enteras de ciertas cosas deberás reportarlas, para protección del niño y demás personas involucradas.

Antes de comenzar el taller, debes conocer claramente qué espera la ley que reportes y cómo. Estos requerimientos se clasifican en la legislación de protección infantil.

La mayoría de las escuelas y organizaciones juveniles tienen un criterio para ajustarse a las leyes de protección infantil. Conoce estos criterios y a quién deberás reportarte si surge la necesidad.

Consideraciones acerca de las evaluaciones

Posiblemente vas a conducir este taller en más de una ocasión y querrás hacerlo cada vez mejor. Las evaluaciones garantizan una comunicación valiosa que puede servirte para mejorar el taller y tu tarea de enseñanza.

Este libro incluye dos modelos de cuestionario de evaluación: una para los estudiantes y otra para los padres (págs. 114-115). Puedes usar la información que te aportan las evaluaciones de los talleres pasados, para planificar los talleres futuros.

Los estudiantes también pueden hacer una autoevaluación. En la primera clase se les pide que escriban lo referente a situaciones particulares en las que les gustaría aprender a defenderse por sí mismos. En la clase final se les pide que lean lo que escribieron en la primera clase y que decidan por sí mismos si alcanzaron sus objetivos. Esto ayuda a que los estudiantes integren sus experiencias y a que comprendan qué lograron en el taller.

Buscar apoyo

En un taller como el descrito, en el cual los sentimientos se expresan abiertamente, no siempre puedes predecir cómo será una clase o qué necesidades van a revelarse. Pueden suceder algunas cosas que indiquen la necesidad de hacer un seguimiento, y tal vez no sepas cómo actuar, por ejemplo: quizá sospeches que un niño muestra signos de depresión, pero no estás seguro de que tu corazonada sea exacta, o tal vez adviertas que un estudiante sufre de mucha ansiedad, o luego de la participación de algún alumno tal vez necesites saber si debes buscar consejo o un tratamiento más profundo del asunto, o quizá no sepas cómo actuar con un alumno que se comporta de forma rebelde pero sólo en un grupo pequeño, o tal vez te sientas sorbrepasado o agotado por una clase particularmente emotiva.

Piensa en alguien a quien puedas llamar: un consejero escolar, el psicólogo de la escuela, otro maestro con experiencia en este tipo de clases u otro colega a quien respetes y en quien confíes. Pregúntale si está dispuesto a ayudarte a analizar las clases, cuando lo creas necesario. Pueden conversar acerca de lo que ocurrió en la clase, aunque siempre respetando la confidencialidad del grupo, como lo esperas de tus alumnos.

Si deseas leer más sobre autoestima, puedes leer: *Autoestima*, de Virginia Satir; *Autoestima. Estrategias para vivir mejor con técnicas de PNL y desarrollo humano*, de Miguel Ángel Montoya y Carmen Elena Sol; *Autoestima para todos*, de María Angélica Verduzco Álvarez Icaza y Adriana Moreno López; *¡Defiendete! Desarrolla tu poder personal y autoestima*, de Lev Raphael y Gershen Kaufman, publicados por Editorial Pax México.

Planificación de las clases

Dentro de lo posible planifica la clase para un momento en el que las interrupciones puedan reducirse al mínimo, por ejemplo: trata de evitar que la clase se desarrolle cuando los alumnos deban salir del salón de clases en varias ocasiones. Cuando lograste interesarlos y hacerlos participar, es frustrante que los alumnos se distraigan. Especialmente cuando se comparten sentimientos, es muy molesto que haya gente que entra y sale, que no forma parte del grupo y que no conoce los parámetros del debate.

Requerimientos

Cada clase debería ocupar entre 30 y 45 minutos desde el comienzo hasta el final. El tiempo real requerido dependerá de la proporción de debate que haya durante las actividades.

Si es tu primer taller, será buena idea que registres el tiempo de cada clase; así podrás aplicar esta información a tu próximo taller.

Informar y hacer participar a los padres y tutores

Al menos una semana antes de comenzar el taller envía una carta a los padres y tutores para describir el taller y comunicarles la fecha de inicio. En la página 12 encontrarás un modelo de carta: puedes, copiarla, enviarla o usarla como punto de partida para tu propia carta. Según tu situación, tal vez quieras solicitar el apoyo de los padres y tutores y quizá necesites que los padres den el permiso por escrito para que sus hijos pequeños asistan al taller.

Sugiere a los padres o tutores que lean el libro para estudiantes *¡Defiéndete! Desarrolla tu poder personal y autoestima.* Sugiere a tus estudiantes que se lleven los libros a sus casas, pues quizá sus padres o tutores quieran leerlo. Si los padres o tutores quieren conocer el libro antes del taller, procura que puedan contar con un ejemplar.

Invita a los padres/tutores a que te comuniquen cualquier pregunta que tengan antes, durante y después del taller; para ello, dales un número telefónico en el cual puedan ubicarte e infórmales acerca de los horarios para llamarte.

Si comienzas con un grupo que no conoces, tal vez quieras preguntar a los padres/tutores si algo deberías saber respecto a sus hijos antes de iniciar el taller. Una buena idea consiste en mantener el contacto con los padres/tutores durante el taller. Puedes enviarles breves notas en las que les comuniques el progreso del taller, o repartir entre los padres las fotocopias que usas con los estudiantes.

Preparar el salón de clases

El contexto físico es importante para el éxito del taller. Intenta organizar la sala de tal modo que, en lo posible, todos puedan sentarse en círculo para llevar a cabo las discusiones grupales. Deja un poco de espacio entre los grupos pequeños, pero mantén la organización de tal forma que puedas controlar qué ocurre en cada grupo.

Idea un modo de señalar el comienzo de la clase, por ejemplo: apagar y encender la luz es una manera de llamar la atención de tus alumnos. Puedes poner unos minutos de música relajante para que sepan que es hora de comenzar. Sin importar lo que elijas, debe ser una forma agradable de entrar en el asunto.

Criterios para hacer las discusiones grupales

Probablemente ya tienes un criterio para realizar las discusiones o debates en la clase o en grupos. Si es así, asegúrate de que todos lo comprenden y están de acuerdo. En relación con los objetivos de este taller, debes incluir los criterios siguientes:

a. Lo que se dice en el grupo se queda en él.

b. Somos amables y respetuosos con los demás; no culpamos ni reprochamos; queremos que todos en el grupo se sientan valorados y aceptados.

c. Nos escuchamos. Cuando alguien habla, lo miramos y le prestamos atención. No pensamos en lo que vamos a decir cuando nos toque el turno de hablar.

d. Queremos que todos puedan compartir sus pensamientos y sentimientos, pero no es *obligatorio*. Está bien decir "paso" si no quieres hablar.

e. No hay respuestas correctas o incorrectas.

Adaptar las actividades al grupo

Los buenos maestros son flexibles y muestran disponibilidad, de modo que el éxito de este taller no se basa en impartirlo al pie de la letra. Cuando planifiques cada clase, busca adaptar las actividades a las necesidades de tus alumnos y elaborar ejemplos que se relacionen con sus intereses. Tal vez decidas modificar una actividad o un ejemplo, formular preguntas adicionales, sustituir algunas, o remplazar o desechar alguna actividad. Cuando hagas algún cambio en las clases, deberás tener en mente cómo influirá eso en tus estudiantes, quienes deben guiar tu criterio.

Muchas de las actividades consisten en discutir las experiencias de vida de los estudiantes, lo cual tiene el beneficio secundario de que automáticamente el taller se relaciona con la comunidad donde viven. Si los estudiantes no pueden participar en una actividad, no podrán usarla como plataforma de salto y el debate perderá interés. Frecuentemente un pequeño cambio basta para que puedan ver la conexión entre la actividad y sus vidas. Tómate un tiempo para estudiar todas las actividades de una clase antes de dirigirla. Si sientes que una actividad en particular no es relevante para tus estudiantes y su comunidad, cámbiala.

Uso de las actividades de "para ti en lo personal"

El libro para estudiantes contiene varias actividades con el título "Para ti en lo personal". Puedes usarlas como actividades opcionales durante el taller, o asignarlas junto con las lecturas para cada clase. En ambos casos, asegura a los estudiantes que lo que vayan a escribir en "Para ti en lo personal" continuará siendo personal y confidencial; además, recuérdales que no tendrán que compartirlo con nadie (ni contigo) si no lo desean.

Sugiere a los estudiantes que las actividades de "Para ti en lo personal" han de llevarlas a cabo durante el taller y más adelante, cuando el taller termine. Hazles notar que sus ideas y sentimientos cambiarán con el tiempo, y que tal vez descubran que tienen nuevas cosas por escribir.

Pide a los estudiantes que lean los puntos en la página xiii de la introducción de *"¡Defiéndete!"*, donde se explica por qué las actividades de "Para ti en lo personal" son tan importantes y cómo aprovecharlas lo mejor posible.

Antes de la primera clase

Una semana antes del inicio del taller:

1. Anuncia a los estudiantes que la próxima semana comenzarás un nuevo taller que los ayudará a desarrollar la autoestima y a sentirse más seguros. El anuncio debe ser breve; explica que los estudiantes podrán enterarse de más cosas cuando comience el taller, pídeles que lleven un cuaderno de notas para la primera clase, y eso será todo para comenzar.
2. Envía una carta a los padres o tutores anunciando el taller (ver "Informar y hacer participar a los padres y tutores). Puedes incluir una copia de "Clases: temas y tareas de lectura" (pág. 13).

Uno o dos días antes del inicio del taller:

1. Recuerda a los estudiantes la fecha de inicio del taller y pídeles que no se olviden de llevar un cuaderno para la primera clase.
2. Obtén fotocopias de la página "Clases: temas y tareas de lectura" y repártelas entre los estudiantes (puedes esperar hasta la primera clase). Tal vez desees incluir información sobre fechas y lugares. Si los niños van a compartir ejemplares de *¡Defiéndete! Desarrolla tu poder personal y autoestima*, pega una copia de la fotocopia de "Clases: temas y tareas de lectura" en el panel de noticias del salón de clase.

Queridos padres y tutores:

Quiero contarles sobre un interesante taller nuevo llamado *"¡Defiéndete!"* que los niños y yo comenzaremos pronto. En 10 clases, ayuda a los niños a mejorar su autoestima, y a desarrollar y ejercitar la asertividad; además les enseña a ser responsables por su propia conducta y sentimientos. Con lecturas, actividades y discusiones grupales, los niños aprenden a tomar buenas decisiones, conocerse mejor, manejar sentimientos fuertes (como enojo o celos) y relacionarse mejor quienes los rodean (incluidos ustedes).

Este taller no enseña a los niños a ser egoístas, arrogantes o irrespetuosos (eso no es autoestima). Se trata de que adquieran la habilidad y fortaleza necesaria para resistir la presión negativa de sus compañeros, arriesgarse positivamente, enfrentar los cambios y desafíos de la vida y sentirse orgullosos de sus logros y talentos. Todos necesitamos autoestima para sobrevivir y prosperar en el mundo de hoy... y cuanto antes aprendamos, será mejor.

Tal vez quiera usted leer el libro que su hijo(a) leerá durante el taller; hágalo. Se titula *¡Defiéndete! Desarrolla tu poder personal y autoestima*. Pregunte a su niño si puede prestarle su ejemplar, o comuníquese conmigo y yo le conseguiré un ejemplar.

El taller puede ser una maravillosa experiencia de crecimiento para su niño(a). Podrá usted notar que su niño o niña "ensaya" nuevas conductas y formas de relacionarse con usted o con otros en la familia. A veces las nuevas conductas resultan torpes o inoportunas, pues los cambios toman tiempo. Posiblemente usted observe una nueva conducta un día y al siguiente se pregunte dónde quedó. Cuando suceda esto, debemos pensar en los momentos de nuestra vida adulta en que deseamos hacer cambios. También para nosotros son lentos.

Si tiene alguna pregunta antes, durante o después del taller, por favor no dude en llamarme.

Afectuosamente, _____

Teléfono: _____

Me encontrará en los horarios: _____

El taller inicia: _____

PS: Los estudiantes quieren que sus padres *estén enterados* del taller, pero no siempre desean *hablar* de él mientras lo toman. Sugiero que usted espere a que su niño o niña proponga el tema en conversaciones con usted o con su familia. ¡Por favor, tenga paciencia!

© 2003 Editorial Pax México.

Reproducido del libro *Cómo enseñar autoestima*, publicado por Editorial Pax México, (5255) 5605 7677 (www.editorialpax.com, editorialpax@editorialpax.com).

CLASES: TEMAS Y TAREAS DE LECTURA

Todas las lecturas son de *¡Defiéndete! Desarrolla tu poder personal y autoestima.*

Clases	Lecturas
1. Qué significa defenderse	• páginas xiii-xvi (hasta terminar "Lo qué necesitas para defenderte")
2. Eres responsable de tu conducta y tus sentimientos	• páginas 1-9 (hasta terminar "Responsable de tus sentimientos") • páginas 87-92 (comenzando con "Cómo vivir feliz siempre")
3. Aprender a elegir	• páginas 9-15 (hasta terminar "Expectativas y realidad")
4. Llamar a los sentimientos por su nombre	• páginas 15-41 (desde "Conócete a ti mismo")
5. Cómo hacer valer tus sentimientos	• páginas 55-72 (hasta terminar "Haz valer tus sentimientos, sueños futuros y necesidades")
6. Expresar y hacer valer tus sueños	• páginas 42-45 (desde "Expresa tus sueños futuros") • páginas 55-59 (desde "Cómo hacer valer tus sentimientos, sueños futuros y necesidades" hasta terminar "Habla de las cosas contigo mismo") • páginas 99-103 (hasta terminar "Haz una 'lista de cosas hechas por mí'")
7. Expresar y hacer valer tus necesidades	• páginas 45-59 (desde "Expresar tus necesidades" hasta terminar "Habla de las cosas contigo mismo")
8. Obtener y utilizar el poder personal	• páginas 73-87 (hasta terminar "El poder en tu vida")
9. Construyendo la autoestima	• páginas 93-98 • páginas 103-113
10. De ahora en adelante, ¡defiéndete!	• No hay lecturas asignadas

Ideas que puedes compartir o utilizar.

LAS CLASES

Qué significa defenderse

Panorama general

En esta clase presentamos el taller, en el cual los estudiantes aprenden el significado de "defenderse"; descubren que no significa vengarse de los otros, ni ser autoritario, terco o rudo, ni hacer o decir todo lo que quieran cuando se les ocurra. Significa saber quién eres y qué cosas quieres tolerar, ser honesto contigo; saber abogar por ti, hablar cuando es correcto hacerlo, y comprender que siempre habrá alguien de tu lado: ¡tú mismo!

> *¡Defiéndete!*
> **Tarea: lectura**
> Págs. xiii a xvi
> (hasta terminar la
> sección "Lo que
> necesitas para
> defenderte")

Presentamos a los estudiantes la idea de que para defenderse necesitarán poder personal y autoestima. Por medio del taller desarrollarán estas dos habilidades.

Resultados buscados:

El propósito de esta clase es ayudar a que los alumnos:

- Se preparen para el taller.
- Se familiaricen con la palabra defiéndete según la utilizamos en este taller.
- Identifiquen situaciones en las que perciban la necesidad de aprender nuevas formas de defenderse.

Materiales

- *Opcional*: copias de "Criterios para las discusiones grupales" (pág. 22) (actividad 1).

- *Opcional*: copias de "Clases: temas y tareas de lectura" (pág. 13) (actividad 1).
- Pizarrón (actividades 2, 4 y 6).
- Ejemplares del libro para estudiantes *¡Defiéndete! Desarrolla tu poder personal y autoestima* (actividad 3).
- Una hoja en blanco para cada estudiante (actividad 5).
- Cuadernos para los estudiantes; puedes tener algunos extra para aquellos que olviden llevar el suyo.

Agenda

a. Familiariza a los estudiantes con el taller.

b. Pide a los estudiantes que piensen libremente qué cosa significa *defenderse* y escribe sus diferentes definiciones en una lista en el pizarrón.

c. Da un tiempo para que los estudiantes lean de la página x a la xii de la introducción (hasta el final de "Lo que necesitas para defenderte").

d. Revisa la lista que elaboraron los alumnos cuando a imaginaron (punto 2) el significado de defenderse y averigüen si la lectura modificó sus ideas.

e. Dirije la actividad "Confusión", en la cual por un lado las *situaciones* y por otro los *modos de defenderse* son combinados al azar (y a veces con humor).

f. Pide a los estudiantes que identifiquen y escriban sus metas para el taller.

g. Cierra la clase y asigna la tarea de lectura para la segunda clase.

Actividades

1. Orientación

Di a tus alumnos:

Cuando el taller haya terminado, ustedes comprenderán mejor qué significa defenderse.

Aprenderán cómo actuar y qué decir –ahora y en el futuro– para defenderse por ustedes mismos.

Cada vez que nos encontremos, leeremos un poco y ustedes escribirán en sus cuadernos. No olviden llevar el cuaderno cada clase.

> Antes de comenzar, veremos que todos estemos de acuerdo en algunos aspectos.

Examina los criterios para debatir en tu clase, o reparte fotocopias de los "Criterios para las discusiones grupales" y revísalos con los estudiantes.

Consejo: en clases futuras, es buena idea pegar una copia de los "Criterios..." en algún sitio donde todos puedan verla, como recordatorio.

Di al respecto lo siguiente:

> Es bueno que participen en todas las actividades y discusiones. A veces esto significa que, si lo deseamos, podremos compartir con los demás nuestros pensamientos y sentimientos. Otras veces significará que sólo escucharemos a los demás. Las dos cosas están bien.
>
> En este taller muchas veces nos escucharemos unos a otros. Es muy importante que seamos respetuosos entre nosotros.

Si consideras que tus estudiantes necesitan profundizar acerca de lo que implica ser respetuosos, tómate ahora mismo un momento para repasarlo juntos, por ejemplo: presta atención, no interrumpas, ni suspires ni hagas caras, ni uses palabras hirientes, ni critiques ni juzgues, sino trata a los demás como quieres que te traten a ti.

Reparte copias de "Clases: temas y tareas de lectura" si no lo hiciste antes.

2. ¿Qué significa *defenderse*?

Pregunta:

> ¿Qué creen ustedes que significa "defenderse"?

Escribe en el pizarrón las ideas que vayan surgiendo, sin comentarlas ni pedir aclaraciones.

3. Lecturas

Pide a los estudiantes que lean o analicen las páginas x-xii de *¡Defiéndete! Desarrolla tu poder personal y autoestima* (incluido "Lo que necesitas para defenderte"). Pídeles que cierren el libro cuando acaben, para que sepas que ya pueden continuar.

4. ¿Qué significa *defenderse*? (continuación)

Reconsidera la lista que los estudiantes hicieron antes de la lectura, y di al respecto:

> Después de la lectura tal vez ya no piensen lo mismo sobre qué significa defenderse. Veremos la lista que hicimos.
>
> Ahora sabemos que defenderse no significa vengarse. ¿Hay algo en la lista que quisiéramos cambiar?, ¿algo que se parezca más a vengarse que a defenderse?
>
> Defenderse no significa actuar de forma autoritaria, terca o ruda. ¿Hay algo más en la lista que quisiéramos cambiar?
>
> Defenderte significa saber quién eres y qué puedes tolerar, así como ser honesto contigo mismo. ¿Se halla esto en nuestra lista?
>
> ¿Puedes dar algunos ejemplos de cosas que puedas tolerar?, ¿qué significa ser honesto contigo mismo?
>
> Abogar por uno es una manera de defenderse. ¿Se encuentra esto en nuestra lista?
>
> Medita acerca de estas palabras: "siempre habrá alguien de tu lado: ¡tú mismo!". ¿Qué significa esto para ti?, ¿debemos agregarlo a nuestra lista?

5. *Confusión*

Reparte entre los estudiantes un papel en blanco para cada uno.

Cuenta de tres en tres (1, 2, 3, 1, 2, 3, etc.) hasta que todos los miembros de la clase tengan un número.

Pide a los número 1 que levanten la mano y di:

> Piensen en una actriz o actor popular o en un personaje de dibujos animados. Cada uno escriba el nombre en su hoja de papel.

Pide a los número 2 que levanten la mano y di:

> Piensen en una situación –en casa, en la escuela o en la casa de un amigo– en la cual tienen que defenderse, y escríbanla en la hoja de papel.

Imagina junto con los número 2, si lo necesitan. Aquí hay algunas ideas para compartir:

- Tu hermano mayor tomó tu CD o casete favorito sin pedírtelo.
- Tu maestro perdió tu tarea y te calificó con un cero.
- Tu mamá olvidó venir por ti después de la práctica de futbol.
- El conductor del autobús te sacó de él porque creyó que estabas empujando y molestando.

Pide a los número 3 que levanten la mano, y di:

Piensen en cómo se defenderían y escríbanlo en el papel.

Pide a los estudiantes que formen grupos de tres. Cada grupo debe tener un 1, un 2 y un 3. Di:

Ahora daremos un turno a cada grupo, cada uno de los cuales leerá lo que está en su papel. El número 1 leerá el nombre del personaje, el 2 relatará la situación en que se encuentra este personaje y el 3 dirá qué va a hacer este personaje. Sólo tienen que leer lo que está escrito en su papel, empezando por el número 1. Háganlo rápido. ¿Listos?

Al finalizar la actividad di lo siguiente:

Algunas veces funciona lo que hacemos para defendernos, pero otras no. A veces nos apegamos a algunas ideas acerca de cómo defendernos y no somos capaces de descubrir otras formas. A veces observamos cómo otras personas se defienden; sin embargo, defenderse no siempre es algo que los demás pueden ver u oir.

6. Fijar los objetivos

Escribe en el pizarrón:

> En este taller quiero aprender nuevas maneras
> de defenderme cuando...

Pide a tus alumnos que saquen el cuaderno que trajeron para el taller (reparte cuadernos extra a los que lo olvidaron). Di al respecto:

Copien esta frase en sus cuadernos y luego tómense un rato para completar la frase. Al final del taller volverán a leer lo que escribieron, para ver si aprendieron lo que deseaban.

7. Finalización

Escribe en el pizarrón:

> Poder personal (saber quiénes somos)
> Autoestima (gustarnos a nosotros)

Sintetiza diciendo:

Al comenzar esta clase aprendemos qué significa defenderse. Estas dos cosas –poder personal y autoestima– te ayudarán a defenderte en cualquier parte y en cualquier situación.

En la próxima clase hablaremos del poder personal.

Antes de la próxima clase, lean de la página 1 a la 8 y de la 73 a la 76.

Si es necesario informa a los estudiantes cuáles son el lugar y la fecha de la próxima clase.

CRITERIOS PARA LAS DISCUSIONES GRUPALES

a. Lo que se dice en el grupo se queda en él.

b. Somos amables y respetuosos con los demás, no culpamos ni reprochamos, y queremos que todos en el grupo se sientan valorados y aceptados.

c. Nos escuchamos. Cando alguien habla lo miramos y le prestamos atención. No pensamos en lo que vamos a decir cuando nos toque el turno de hablar.

d. Queremos que todos compartan sus pensamientos y sentimientos, pero no es obligatorio. Está bien decir "paso" si no queremos hablar.

e. No hay respuestas correctas o incorrectas.

Ideas que puedes compartir o utilizar.

Eres responsable de tu conducta y tus sentimientos

Panorama general

En esta clase definimos el poder personal como "tener seguridad y confianza en ti mismo". El poder personal se presenta como algo que cualquiera puede desarrollar. Los estudiantes aprenden que el poder personal implica cuatro aspectos: ser responsable, aprender a elegir, llegar a conocerte, y obtener y utilizar el poder personal tanto en tus relaciones como en tu vida.

> *¡Defiéndete!*
> **Tarea: lectura**
> Págs. 1 a 9 y 87 a 92

En esta clase nos ocuparemos del primer aspecto: ser responsable, específicamente por tu conducta y tus sentimientos. Los estudiantes aprenden que aunque algunas veces cuando la gente hace o dice ciertas cosas respondemos con determinados sentimientos o conductas, la gente no nos *obligó* a hacerlo. De la misma manera, cuando otra gente responde de cierto modo ante los que realizamos o decimos, nosotros no los *obligamos* a actuar de esa forma. Cada uno de nosotros es responsable de su conducta y sentimientos; al mismo tiempo, los estudiantes aprenden que ser responsable no significa ser perfecto.

Una de las herramientas principales del taller, la "Lista feliz", es incluida como un modo efectivo de comenzar a almacenar y reunir buenos sentimientos. Esto nos ayuda a desarrollar el poder personal y la autoestima.

Resultados buscados

El propósito de esta clase es ayudar a que los alumnos:

- Reconozcan que responsabilizarse de sus conductas y sentimientos es una forma de desarrollar el poder personal.

- Admitan que cada vez que justifiquen sus conductas y sentimientos diciendo "me obligaste a hacerlo", están evadiendo su responsabilidad.
- Acepten que los actos o palabras de otras personas pueden desencadenar en nosotros sentimientos o conductas, pero no significa que ellas sean responsables de esos sentimientos o conductas.
- Comprendan que son responsables de sus conductas y sentimientos.
- Descubran una manera de defenderse cuando se equivocan.
- Identifiquen a la "Lista feliz" como un modo efectivo de empezar a almacenar y reunir buenos sentimientos que los ayudarán a desarrollar su poder personal.

Materiales

- Un objeto que represente una pared o una barrera; un letrero que diga "¡Tú me obligaste a hacerlo!" (actividad 2).
- Fotocopias de las "Preguntas para juego de roles" (pág. 34) (actividad 2).
- Ejemplares del libro para estudiantes *¡Defiéndete! Desarrolla tu poder personal y autoestima* (actividades 3 y 6).
- Pizarrón (actividad 5).
- Fotocopias de "Cómo hacer una lista feliz" (pág. 35) (actividad 6).

Agenda

a. Presenta la clase.
b. Dirige el juego de roles "¡Tú me obligaste a hacerlo!"
c. Da un tiempo para que los estudiantes lean de la página 1 a la 8 y de la 73 a la 76.
d. Conduce un debate acerca de cómo otras personas desencadena nuestras reacciones.
e. Conduce un debate con el tema "Nadie es perfecto" y pide a los estudiantes que escriban al menos una forma como se comportarían cuando se equivocan.

f. Presenta y explica la "Lista feliz". Da a los estudiantes un tiempo para que escriban sus listas felices del día de hoy, y dedica algún tiempo a conversar acerca de sus reacciones.

g. Finaliza la clase y asigna la tarea de lectura para la tercera clase.

Actividades

1. Introducción

Di lo siguiente:

> Hoy aprenderemos más acerca de cómo defendernos. Un modo de defenderse es obtener y usar poder personal.
>
> Ser responsables es algo fundamental para el poder personal, pero no significa cargar el mundo sobre nuestras espaldas, sino que es una tarea bastante ardua. En esta clase aprenderás cuáles son tus responsabilidades: *tu* conducta y *tus* sentimientos.

2. Juego de roles: "¡Tú me obligaste a hacerlo!"

Pregunta lo que sigue:

> ¿Alguna vez el doctor tomó un martillito y les dio un golpecito sobre la rodilla?, ¿qué pasó?
>
> ¿Ustedes *hicieron* que la rodilla saltara o sólo sintieron el golpe sin darle importancia?
>
> Eso se llama *respuesta automática*. Cuando alguien hace algo sin pensar, decimos que actuó "como rodilla que salta". Durante un rato conversaremos acerca de aquello que a veces decimos automáticamente cuando algo sale mal y no queremos ser responsables: "¡Tú me obligaste a hacerlo!"
>
> Estas palabras son un signo de que no aceptamos la responsabilidad por nuestra conducta y nuestros sentimientos.

Señala a los estudiantes algún objeto en el salón de clases parecido a una barrera o a un muro y coloca ahí el letrero "¡Tú me obligaste a hacerlo!"

Di lo siguiente:

> Las palabras "¡Tú me obligaste a hacerlo!" son como una pared que levantamos. Podemos decirlo automáticamente, como la "rodilla que salta", o quizá sólo lo haremos de cuando en cuando. De cualquier forma, cada vez que decimos "¡Tú me obligaste a hacerlo!", es un signo de que no nos hacemos responsables.

Para divertirnos participaremos en un juego de roles en parejas: una persona formulará una pregunta y otra le dará una respuesta del tipo "¡Tú me obligaste a hacerlo!"

No usarán exactamente dichas palabras, pero éste será el mensaje que transmitirán, por ejemplo:

La pregunta es: "¿por qué no sacaste la basura?"

Y una respuesta del estilo "¡Tú me obligaste a hacerlo!" sería: "No la pusiste junto a la puerta trasera, por lo cual yo no sabía que tenía que sacarla".

¿Puedes imaginar otra respuesta del estilo "¡Tú me obligaste a hacerlo!" para esta pregunta?

Si no imaginan ninguna, podrás sugerir las que siguen:

- No me indicaste que la bolsa estaba llena.
- Nunca dijiste que esta semana me tocaba a mí.
- No separaste la basura orgánica.
- No me despertaste lo suficientemente temprano, por lo cual no tuve tiempo.

Cuando estés seguro de que los alumnos tu clase comprendieron la idea, divídelos en parejas (o en grupos de tres o cuatro, si resulta mejor).

Reparte copias de "Preguntas para participar en el juego de roles".

Pide a los alumnos que traten de imaginar al menos una respuesta del tipo "¡Tú me obligaste a hacerlo!" para cada pregunta. Avísales que tendrán sólo unos minutos, por lo que deben trabajar rápidamente. Pueden saltarse una pregunta si tienen problemas para encontrar una respuesta.

Reúne a los grupos, pero que cada uno permanezca ubicado junto a sus compañeros de grupo. Formule la primera pregunta y pide a cada grupo que diga rápidamente una respuesta de las que imaginaron.

Si es oportuno, podrás decir:

Parece que no fue difícil para ellos encontrar respuestas. ¿Será que son expertos?

Finaliza la actividad diciendo:

Ser responsables de nuestra conducta y de nuestros sentimientos puede ayudarnos a obtener y a usar poder personal.

En cualquier momento podemos sorprendernos diciendo "¡Tú me obligaste a hacerlo!"

Expresar "¡tú me obligaste a hacerlo!" es una forma de evitar nuestra responsabilidad. Es una pared que levantamos, que nos impide obtener y usar el poder personal.

Cada vez que te oigas decir "¡Tú me obligaste a hacerlo!", recuerda lo siguiente: "nadie más que yo es responsable por mi conducta y mis sentimientos; nadie me obligó a hacerlo".

3. Lecturas

Pide a los estudiantes que examinen rápidamente de la página 1 a la 8 de *¡Defiéndete! Desarrolla tu poder personal y autoestima*. Pídeles que cierren el libro cuando terminen, pues así puedes saber que están listos para continuar. Luego pregunta lo siguiente:

a. Si alguien te convence de hacer algo, ¿eres responsable de tu comportamiento?
b. Si haces algo sin pensar –nada más lo haces–, ¿eres responsable?, ¿por qué sí o por qué no?, ¿cuándo te sucedió algo así?
c. Si haces algo que en realidad no querías, ¿eres responsable?, ¿por qué sí, o por qué no?, ¿Cuándo te ocurrió algo así?
d. ¿Otra persona puede hacer que te sientas triste, enojado o feliz? ¿Por qué sí o por qué no?

Si los alumnos tienen dificultades con esta pregunta, recuérdales que:

Lo que digan o hagan otras personas puede provocar sentimientos en ustedes, pero ellos no los obligaron a sentir de esa forma. Ustedes son responsables de sus propios sentimientos.

Di lo siguiente:

Vayan a la página 7 de *¡Defiéndete! Desarrolla tu poder personal y autoestima*. Analicen cuál es, según los autores, el motivo principal para ser responsables. Cuando lo encuentren, levanten la mano.

Pide a alguien que lea en voz alta lo que encontró:

La razón principal es que es lo mejor para ti. Te ayuda a sentir confianza y seguridad en ti mismo y te hace sentir que tienes poder personal.

Di lo que sigue:

Puede llevarles un tiempo hasta sentirse cómodos con el hecho de ser responsables de su conducta y sentimientos.

Los cambios llevan cierto tiempo.

Cambiar la forma de ver las cosas es como usar un nuevo par de zapatos. A veces puede transcurrir un tiempo hasta sentir que los nuevos zapatos son cómodos para caminar, y otras pueden apretar los pies. Si continúan usándolos, empezarán a sentirlos más cómodos y naturales, lo cual es una parte de ustedes.

No olviden que ser responsables es una manera de obtener y emplear el poder personal.

4. Factores desencadenantes

Pregunta:

- ¿Alguna vez dijeron a alguien "ya sabía que dirías eso" o "ya sabía que harías eso"?
- ¿Pueden darme un ejemplo?
- ¿Cómo sabían que esa persona iba a hacer o decir eso?

Conduce el debate hasta que alguien exprese la idea de que sabemos qué van a hacer o decir, porque ya los hemos visto reaccionar de esa manera en situaciones similares. Luego pregunta:

¿Cuántos de ustedes conocen algo que pueden decir a alguien, que hará que lloren o se enojen?, ¿por qué están tan seguros de que es así?

Ayuda a los estudiantes a comprender que podemos predecir el comportamiento de una persona porque: a) ya la hemos visto reaccionar de esa manera en situaciones similares, y b) porque sabemos qué le importa. Luego di:

Aunque cada uno es responsable sólo de su comportamiento, a veces nos comportamos de un modo que desencadena conductas o sentimientos en otra persona, por ejemplo:

- Tú no *obligaste* a llorar a tu amiga, pero cuando no la invitaste a tu fiesta se sintió triste. No ser invitada desencadenó su tristeza.
- Tu hermano no te *obligó* a enojarte, pero cuando manchó con pintura tu camisa nueva, esto desencadenó tu enojo.

Pregunta:

Si tu mamá siempre se enoja cuando dejas platos sucios en el piso de tu cuarto, ¿eres responsable de su enojo?

¿Son un factor desencadenante los platos sucios?

¿Piensas que dejar platos sucios en el piso sería un desencadenante si nunca lo hubieses hecho?, ¿es más probable que sea un desencadenante si ya lo habías hecho muchas veces?

Di a todos que formen parejas y luego:

> Por turnos, cada uno cuente a su pareja, primero, algo que cada uno hace normalmente que desencadena un sentimiento o conducta en otra persona, y después, algo que otra persona lleva a cabo y que desencadena una reacción en cada uno de ustedes. Primero algo que realicen ustedes y posteriormente algo que hace otra persona.

Luego de dos o tres minutos llama la atención de todos y pregunta:

- ¿Alguien quiere compartir con los demás algo que hace y que desencadena una reacción en otra persona?
- ¿Quién pensó en algo que otra persona hace y que desencadena en ustedes un sentimiento de enojo, o de dolor, o de alegría, o de emoción, o de miedo, o de vergüenza?
- ¿De qué forma puede ser bueno para nosotros darnos cuenta de qué desencadenan nuestros sentimientos?

5. Nadie es perfecto

Pregunta:

> ¿Quién se equivocó alguna vez?
> Levanten la mano los que alguna vez se equivocaron.
> ¿Alguien se equivocó dos veces?, ¿tres?, ¿más de tres?, ¿más veces de las que puedan contar?
> ¿Quién es el *campeón del error* de nuestra clase?

Si es oportuno, podrás decir:

> Seguramente yo les gano a todos. Ustedes han vivido tantos años como yo.

Pregunta:

> ¿Hay alguien aquí que piense que nunca más va a equivocarse?
> ¿A quién le gustaría pensar que no repetirá los mismos errores?

Di lo siguiente:

> Van a equivocarse, porque es parte de la vida.
> Ser responsables significa que no culpamos a otros por nuestros errores. Admitimos nuestros errores y aprendemos de ellos.
> Lo que te dices cuando te equivocas es importante, con ello puedes fortalecer tu autoestima o lastimarla.

Pregunta:

> ¿Qué te dices a ti mismo cuando notas que te equivocaste?
> ¿Sabes lo que significa perdonarte a ti mismo?

Escribe en el pizarrón:

> Cuando me equivoco, me digo a mí mismo...
> Desde ahora en adelante, cada vez que me equivoque
> me diré a mí mismo...

Pide a tus alumnos que abran sus cuadernos. Di lo siguiente:

> Copien en sus cuadernos las oraciones que escribí aquí y complétenlas.

Finaliza la actividad diciendo:

> Todos los seres humanos tienen derecho a equivocarse todos los días, Lo cual los incluye a ustedes.

6. La lista feliz

Di lo siguiente:

> Empiecen una nueva hoja en su cuaderno.

Pregunta:

> ¿Alguna vez alguien les dijo que ustedes pueden ser coleccionistas?, ¿qué significa esto?

Di lo que sigue:

> Algunas personas almacenan un montón de cosas, de tal modo que los lugares donde viven o trabajan se llenan de éstas. También hacemos esto con los sentimientos: los almacenamos, de tal manera que forman una colección cada vez más grande.
>
> Es muy importante que haya muchos buenos sentimientos en nuestra colección.
>
> Recordar buenos sentimientos es una buena forma de sentir seguridad y confianza en todas las situaciones.
>
> Coleccionar y almacenar sentimientos podrá ayudarnos a obtener y utilizar el poder personal, si la colección está hecha de buenos sentimientos.
>
> En sus libros, de la página 73 hasta la 76 se habla de la Lista feliz. Consulten la página 75 y lean junto conmigo las cinco razones por las cuales es importante hacer la Lista feliz todos los días:

a. Eleva tu *poder personal.*
b. Te enseña que *tú eres responsable* de tu felicidad.
c. Te enseña que *tú puedes elegir* cómo experimentar tu vida.
d. Te enseña a buscar cosas que *crean* felicidad.
e. Te enseña la manera de *coleccionar y almacenar* buenos sentimientos.

Di lo siguiente:

Hoy comenzaremos a hacer una Lista feliz, durante lo que resta del taller. ¡O quizá durante toda la vida! Quién sabe, ¡tal vez podríamos hacer la lista de buenos sentimientos más larga de la historia!

No tienen que ser cosas importantes. Poner atención en las cosas pequeñas también puede hacernos felices. Empiecen por reconocer qué cosas les hacen sonreír, las cuales deben incluir en la lista. Comencemos.

Ahora escriban cinco cosas buenas que les han sucedido hoy, que los hagan sonreír.

Da un tiempo a los estudiantes para que escriban y después pregunta:

¿Les resultó difícil esta tarea o fue fácil?, ¿alguien quiere contarnos cómo se sintió al hacerlo?

¿Alguien más?

Di lo siguiente:

Pueden seguir cuatro pasos sencillos para elaborar la Lista feliz y almacenar muchos buenos sentimientos.

Reparte copias de "Cómo hacer una Lista feliz". Lee para los estudiantes o pide a uno de ellos que lea:

1. **Suspende** lo que estás haciendo y reconoce qué te está haciendo feliz, luego
2. **Siente** la felicidad, después
3. **Guárdalo** dentro de ti y posteriormente
4. **Anótalo** lo antes posible.

Finaliza la actividad diciendo:

Durante lo que resta del taller, hagan una Lista feliz todos los días y vean cómo crece su colección.

En las próximas clases hablaremos un poco más de la Lista feliz. Por ahora, solamente empiecen a hacerla.

7. Finalización

Sintetiza diciendo:

En esta clase aprendimos que somos responsables de nuestra conducta y sentimientos, pero no de la conducta y los sentimientos de los demás.

Una forma de ser más responsables es dejar de decir "tú me obligaste a hacerlo".

También hablamos acerca de los hechos desencadenantes. A veces nuestro comportamiento desencadena ciertos sentimientos o conductas en otras personas. Pero no los *obligamos* a actuar o a sentir de esa manera. Ellos son responsables de su conducta y sus sentimientos, como nosotros lo somos de los nuestros.

A veces el comportamiento de otras personas desencadena ciertos sentimientos o conductas en nosotros, pero no nos *obligaron* a actuar o a sentir de esa manera. Nosotros somos responsables de nuestra conducta y sentimientos, igual que ellos lo son de los suyos.

Todos cometemos errores. Es importante saber que podemos equivocarnos cada día, así como saber perdonarnos cuando nos equivocamos.

Almacenar buenos sentimientos es una buena forma de obtener y utilizar el poder personal. Hacer la Lista feliz puede ayudarlos en ello.

En la próxima clase empezaremos a hablar de otro elemento importante en el desarrollo del poder personal: ser capaces de elegir.

Di lo siguiente:

Antes de la próxima clase, lean las páginas. De la 9 a la 15 en *¡Defiéndete! Desarrolla tu poder personal y autoestima.*

Si es necesario, informa a los estudiantes el lugar y la fecha de la próxima clase.

PREGUNTAS PARA EL JUEGO DE ROLES

- ¿Dónde está tu tarea?
- ¿Por qué no me llamaste como habías dicho?
- ¿Por qué usaste mi playera sin pedírmela?
- ¿Qué pasó con el cambio de 20 pesos que te di?
- ¿Por qué llegas tarde a clases?
- ¿Por qué no lavaste los trastes?
- ¿Quién rompió esto?

Explícame por qué bajaron tus calificaciones.

Ideas que puedes compartir o utilizar.

CÓMO HACER UNA LISTA FELIZ

Cuando pasa algo que te hace sonreir:

1. SUSPENDE lo que estás haciendo y reconoce qué te está haciendo feliz, luego

2. SIENTE la felicidad, después

3. GUÁRDALO adentro de ti y posteriormente

4. ANÓTALO lo antes posible.

Trata de hacer esto cinco veces al día todos los días, incluido el fin de semana. Sé feliz al menos cinco veces al día.

Ideas que puedes compartir o utilizar.

Aprender a elegir

Panorama general

En esta clase los estudiantes elaboran una comprensión de la afirmación siguiente: "Si consideras que eres responsable de tus sentimientos y conductas, serás capaz de elegir".

> *¡Defiéndete!*
> **Tarea: lectura**
> Págs. 9 a 15

Los estudiantes aprenden la importancia de reconocer y hacer elecciones. Las actividades los ayudan a distinguir entre los sentimientos en sí, y las acciones derivadas de estos sentimientos. Si bien cuentan con cierto margen de elección en cuanto a cómo sentirse, tienen más posibilidad de elegir en cuanto a cómo actuar a partir de esos sentimientos.

Se discute la relación entre expectativas y sentimientos. Para determinar cuáles son sus expectativas, los estudiantes aprenden a preguntarse: "¿Qué espero que suceda?, ¿qué posibilidades hay de que ocurra?" Tener expectativas realistas los ayuda a desarrollar el poder personal.

Resultados buscados

El propósito de esta clase es ayudar a los estudiantes a:

- Comprender que pueden elegir cómo sentirse.
- Entender que pueden elegir qué hacer con ese sentimiento.
- Distinguir entre expectativas realistas y no realistas.
- Identificar formas en que a veces los sentimientos y las expectativas están relacionados.

Materiales

- Ejemplares del libro para estudiantes "*¡Defiéndete!*" (actividad 2).

- Pizarrón (actividad 4).
- Cuaderno de notas (actividad 5).

Agenda

a. Presenta la clase.
b. Da un tiempo para que los estudiantes lean las páginas 9-15 en su libro, si no lo hicieron ya, y que sostengan unbreve debate.
c. Conduce la actividad "Elecciones". *Opcional*: termina esta actividad con un juego de roles.
d. Conduce la actividad "¿Cuáles son tus expectativas?" para que los estudiantes puedan identificar expectativas realistas y no realistas.
e. Conduce la actividad "Volvernos más realistas" para comprender cómo las expectativas influyen en los sentimientos.
f. Finaliza la clase y asigna la lectura para la cuarta clase.

Actividades

1. Introducción

Di lo siguiente:

Esta clase se refiere a las elecciones que pueden hacer en relación a cómo se sienten y cómo actúan.

¿Cuántos de ustedes han dicho algunas veces "no tuve opción"?

A veces es cierto. No siempre podemos elegir en relación con lo que debemos hacer. Pero a veces pasamos por alto las opciones. Esta clase los ayudará a empezar a reconocer las opciones que tienen.

Reconocer y hacer buenas elecciones te sirven para defenderte.

2. Lecturas

Pide a los estudiantes que lean o examinen las páginas. 9-15 en "¡Defiéndete!". Pídeles que cierren sus libros cuando terminen para que sepas que ya pueden continuar. Luego di:

En el libro leemos acerca de María, quien recibió su examen de matemática corregido por la maestra, la cual escribió: "¡Puedes hacerlo mejor!". Imagínate en la misma situación durante un minuto. ¿Cómo te sentirías?

María podía sentirse bien o mal consigo misma o decidir que su esfuerzo fue lo suficientemente bueno. Ésta es una forma de defenderse.

¿Quién tuvo una experiencia como la de Daniel? ¿cuándo tuviste necesidad de hablar con alguien pero la persona no te puso atención por alguna razón?, ¿cómo te sentiste?, ¿por qué piensas que te sentiste así?, ¿qué hiciste?, ¿qué otra cosa podías haber hecho?

Ser capaces de identificar las opciones que tenemos en cuanto a cómo sentirnos o cómo actuar aumenta nuestro poder personal.

3. Elecciones

Di lo siguiente:

Dedicaremos un rato a escuchar una historia y tratar de identificar las posibles opciones que tiene un niño de nombre José.

Pide a la clase que escuche mientras lees lo que sigue. (Quizá tengas que leer la historia más de una vez.)

José está en casa de un amigo. Su mamá quiere que regrese a las 8 en punto de la noche. Esto significa que debe tomar el autobús de las 7.30, pero a José se le hizo tarde y no lo abordó. El próximo llegó a las 8, de modo que él llegará hasta las 8.30, con media hora de atraso. Podría tomar el metro a las 7.45 y así llegar a las 8, pero su madre no le permite abordarlo metro después de las 7.

Haz una pausa y pregunta:

¿Qué opciones tiene José?

Da un tiempo para el debate. Los estudiantes pueden comprender que, sin importar lo que haga José, infringirá una de las reglas de su mamá: o toma el autobús y llega tarde a casa, o aborda el metro sin tener el permiso.

Continúa el relato:

José intenta llamar por teléfono a su mamá, pero no recibe respuesta.
Entonces decide tomar el autobús y llegar tarde.

Haz una pausa y pregunta:

¿Qué opinan de la elección que hizo José?, ¿por qué?

Continúa el relato:

> Cuando José desciende del autobús en su parada,
> su mamá lo espera, pero no parece contenta.

Haz una pausa y pregunta:

¿Cuáles son las opciones de José ahora en relación con sus sentimientos? y ¿en cuanto a cómo va a comportarse?

Continúa el relato:

> Lo primero que dice su mamá es:
> "Llegaste media hora tarde, por lo cual estás castigado.

Pregunta:

- ¿Qué crees que siente José?
- ¿Qué opciones tiene en cuanto a cómo sentirse y cómo actuar?
- ¿Qué podría hacer o decir que mejoraría la situación?
- ¿Qué podría hacer o decir que empeoraría la situación?

Nota: puedes terminar aquí la actividad o hacer un breve juego de roles. Si finalizas la actividad ahora, di:

- No siempre podemos predecir qué vamos a elegir. A veces elegimos bien y otras no tan bien.
- Obtenemos poder personal cuando aprendemos a reconocer, en medio de una situación, cuáles son nuestras opciones.

Opcional: juegos de roles

Pregunta:

¿Alguno de ustedes llegó a casa más tarde de lo que se suponía?

Pide a la clase que se divida en parejas, en cada de las cuales aquél cuyo nombre esté primero por orden alfabético hará el papel del padre o de la madre. La otra persona será el hijo.

Di lo que sigue:

La situación es la siguiente: si eres el niño, apenas estás entrando a tu casa. Llegaste una hora tarde y tu papá o mamá te están esperando.

Toma unos minutos para decidir dos aspectos: a) cómo vas a comportarte, y b) cómo vas a expresar tus sentimientos.

Reúne a la clase y pide a los voluntarios que comiencen con el juego de roles. Luego pregunta a la clase:

- ¿Tuvieron dificultades para adivinar qué estaba sintiendo cada uno?
- ¿Hubo un punto en el que cada uno hizo una elección?

Solicita voluntarios para otra escena de juego de roles. Di lo siguiente:

Ahora quiero que actúen la escena pero sin hablar.

Luego del juego de roles pregunta a la clase:

¿Tuvieron dificultades para adivinar qué sentían?

Finaliza la actividad diciendo:

- Podemos elegir cómo sentirnos y cómo comportarnos.
- Ganamos poder personal cuando somos capaces de reconocer, en medio de una situación, cuáles son nuestras opciones.

4. ¿Cuáles son tus expectativas?

Di lo siguiente:

A veces nos involucramos en situaciones que van a decepcionarnos. Ocurre así cuando esperamos que suceda algo que no es probable.

Escribe en el pizarrón:

> **Fórmula para afrontar la decepción:**
> **Esperar que suceda algo improbable.**

Cuando no obtenemos lo que esperábamos, nos enojamos y nos entristecemos, e incluso podemos sentir que es nuestra culpa. En esta actividad trataremos de distinguir la clase de expectativas que nos exponen a la desilusión.

Da este ejemplo:

¿Qué pasa si me digo "Voy a sonreír más, porque si lo hago ustedes se sentirán muy felices"?

¿Qué espero que suceda si sonrío?, ¿creen que es una expectativa realista?, ¿es probable que ocurra lo que espero? (*No, no es realista.*)

¿Y si me digo: "para que vean cuánto disfruto de estar con ustedes, les sonreiré más seguido?", ¿es ésa una expectativa realista?, ¿es probable que si les sonrío, ustedes entenderán que me gusta estar con ustedes?

De las frases que siguen, elige tres (u otras que consideres más oportunas en tu grupo) y escríbelas en el pizarrón:

Si creciera 5 cm...
Si cambiara mi pelo...
Si pierdo 5 kilos...
Si aumento 5 kilos...
Si me relaciono con el grupo indicado...
Cuando me vaya de casa...
Cuando tenga un novio/novia, mi vida será...
Si voy a otra escuela el próximo año...

Divide la clase en grupos de dos o tres. Y di lo siguiente:

Cada grupo completara las oraciones en el pizarrón, pero algunos inventarán finales *realistas* y otros harán finales *no realistas*.

Acércate a cada grupo y diles en voz baja si les toca hacer finales realistas o no realistas.

Luego de unos minutos, reúne los grupos, pide a cada uno que lea en voz alta los finales que inventaron y luego pregunta al resto de la clase:

¿Esto fue un final realista o no realista?, ¿por qué?

El final no realista debería ser obvio. Algunos de los finales realistas podrán ser discutibles, de modo que debes dejar un tiempo para discutir.

Continúa hasta que el debate comience a decaer, y hasta que cada grupo haya participado al menos una vez. Da por finalizada la actividad cuando la clase haya comprendido la diferencia entre expectativas realistas y no realistas y luego pregunta:

¿Quién puede sintetizar para nosotros de qué manera las expectativas realistas influyen en los sentimientos?

5. Volvernos más realistas

Di lo siguiente:

Quiero que recuerden algo que les ocurre con mucha frecuencia en sus vidas, que los hace sentir enojados o tristes. Piensen en ese sentimiento durante unos minutos.

Tomen una hoja en blanco de sus cuadernos. Voy a leer tres comienzos de frases. Quiero que completen cada oración, en la cual describan el sentimiento en que están pensando ahora.

Lee los comienzos de frase que siguen, haciendo una pausa después de cada uno para que los estudiantes tengan el tiempo de escribir:

Creo que me siento así porque...
Lo que siempre espero que suceda es...
Las probabilidades de que ocurra son...

Di lo que sigue:

Quiero que recuerden algo que pasa con mucha frecuencia en sus vidas, que los haga sentir felices. Piensen en ese sentimiento unos minutos.

En el cuaderno, completen las oraciones que siguen, en las cuales describan, describiendo el sentimiento en el que piensan ahora:

- "Creo que me siento así porque..."
- "Lo que siempre espero que suceda es..."
- "Las probabilidades de que ocurra son..."

Pregunta:

En las situaciones que describiste, ¿es posible que tus sentimientos se relacionaran estrechamente con lo que esperabas que sucediera?
¿Alguien quiere compartir sus pensamientos con nosotros?

Finaliza la actividad diciendo:

Traten de prestar atención cuando se sientan enojados o tristes. Cuando ocurra, pregúntense a ustedes mismos: "¿qué estaba esperando?", lo cual puede ayudarles a distinguir si tienen o no expectativas realistas para ustedes y para otros.

6. Finalización

Sintetiza diciendo:

En esta clase aprendieron que para defenderse deben ser capaces de elegir, en medio de una situación, qué hacer o qué sentir.
A veces quizá te sientas decepcionado, triste o enojado porque tus expectativas no son realistas.
Tener expectativas realistas puede ayudarte a desarrollar mayor poder personal.

Di al respecto lo siguiente:

Antes de la próxima clase lean las páginas 16 a 35 en *"¡Defiéndete!"* (hasta "Hablemos de los sentimientos"). En el próximo encuentro hablaremos de los sentimientos y les daremos un nombre. Ésta es una tarea de lectura más larga, por lo cual lean con bastante anticipación.

Si es necesario, informa a los estudiantes acerca de la fecha y el lugar del próximo encuentro.

Llamar a los sentimientos por su nombre

Panorama general

En esta clase los estudiantes aprenden a llamar por su nombre a sus sentimientos; además, descubren que para conocerse es importante llamar a sus sentimientos con el nombre adecuado. Ésta es una clase fundamental, porque muchas veces el poder personal de los estudiantes depende de su capacidad para llamar por su nombre (y así reconocer) el sentimiento que experimentan. Las actividades y discusiones tienen como objetivo comprender cómo las reacciones corporales nos ayudan a identificar un sentimiento.

> *¡Defiéndete!*
> **Tarea: lectura**
> Págs. 15 a 41
> (hasta terminar la
> sección "Hablemos
> de los sentimientos")

Resultados buscados

El propósito de esta clase es ayudar a los estudiantes a:

- Comprender que para defenderse deben ser capaces de reconocer qué sienten.
- Identificar y llamar por su nombre a sus sentimientos.
- Entender que ser capaces de llamar por su nombre a los sentimientos hace más fácil comunicar a los demás qué sienten.

Materiales

- Ejemplares del libro para estudiantes *"¡Defiéndete!"* (actividades 2 y 3).
- Tarjetas de papel, en cada una de las cuales está escrito el nombre de un sentimiento de poca intensidad (libro para estudiantes, pág. 20) (actividad 3).

- *Opcional*: tarjetas de papel, en cada una de las cuales se halla escrita una combinación de sentimientos (libro para estudiantes, págs. 34-35) (actividad 3).
- Pizarrón (actividad 4).
- Cuadernos de los estudiantes (actividad 5).

Agenda

a. Presenta la clase.

b. Revisa una parte de la tarea de lectura y explica cómo se utilizará en esta clase.

c. Revisa otra parte de la tarea de lectura y conduce el juego de roles "Nombra ese sentimiento". *Opcional*: amplía las lecturas y el juego de roles para incluir los sentimientos combinados.

d. Conduce el debate "Qué te dice tu cuerpo", para que los estudiantes aprendan a notar cómo sus cuerpos pueden ayudarlos a llamar por su nombre a sus sentimientos.

e. Conduce la actividad "Sugerencias para tomar un buen sentimiento", con el fin de que los estudiantes identifiquen los factores que pueden sumarse para formar ciertos sentimientos.

f. Finaliza la clase y asigna la lectura para la quinta clase.

Actividades

1. Introducción

Di lo siguiente:

En clases anteriores aprendimos dos maneras de obtener poder personal:
- Ser responsables de nuestros sentimientos y conductas,
- Ser capaces de elegir.

Hoy analizaremos una tercera forma de obtener poder personal: conocernos a nosotros mismos. Para esto es fundamental saber qué sentimos. En esta clase aprenderemos a llamar por su nombre a nuestros sentimientos.

2. Lecturas

Pide a los estudiantes que consulten la página 17 de *"¡Defiéndete!"* Diles que te sigan mientras lees en voz alta los tres últimos párrafos de la página 17.

> Los sentimientos tienen sus nombres. Cuantos más nombres conozcas, mejor entenderás tus sentimientos y los expresarás a otras personas, y podrás defenderte con más facilidad.
>
> Los nombres son como "asas" de nuestros sentimientos, de manera que saber el nombre adecuado para un sentimiento nos permite "tomarlo", aprender de él y tomar la decisión correcta.
>
> Llamar a tus sentimientos por sus nombres adecuados aumenta tu poder personal; en cambio, hacerlo de forma inadecuada lo reduce.

Di lo siguiente:

> No vamos a leer ni analizar ahora todas las páginas que aluden a los sentimientos; en cambio, leeremos diversas partes a medida que emprendemos las actividades.

3. Nombra ese sentimiento

Pregunta:

> ¿Alguna vez alguien les preguntó "cómo te sientes con lo que pasó" y no supieron qué responder?
>
> Antes de comunicar a alguien qué sentimos –o incluso describirlo a nosotros mismos– es bueno saber nombrarlo.
>
> Consulten la página 20. Hablaremos un rato acerca de los ocho sentimientos de baja intensidad que figuran en la lista.
>
> Comenzaremos con el concepto de atracción. Me gustaría que alguien lea la definición en la página 20. Dejen de leer cuando lleguen a "las cosas por las que..."

Sigue el procedimiento hasta haber revisado los ocho sentimientos de baja intensidad: *atracción, satisfacción, sorpresa, aflicción, temor, enojo, vergüenza y desprecio.*

Nota: los estudiantes sólo tienen que leer la descripción de los sentimientos, no la lista de cosas/momentos que podrían evocar estos sentimientos. En algunas de las lecturas deberás indicar a los alumnos cuando comenzar y cuándo detenerse. Lecturas son las siguientes:

> **ATRACCIÓN**: Cuando sientes *atracción* por algo, tienes curiosidad, le prestas atención, e incluso te concentras en ello.
>
> **SATISFACCIÓN**: Cuando sientes satisfacción sonríes y te sientes bien.

SORPRESA: Cuando sientes *sorpresa*, quizá en principio no sepas qué hacer. Sentir sorpresa es experimentar algo que no esperabas.

TEMOR: Cuando sientes *temor*, estas preocupado y tienes miedo. Piensas que algo está por suceder o que alguien te dirá algo para amenzarte.

AFLICCIÓN: Cuando sientes *aflicción* por algo, te sientes triste y algunas veces lloras.

ENOJO: El *enojo* puede ser repentino y feroz, puede durar un segundo, o puede empezar lentamente, crecer y permanecer por un largo tiempo. Puedes sentirte enojado con una persona o una cosa en particular que te hayan hecho. O bien sentir enojo hacia todos y todas las cosas.

VERGÜENZA: Cuando sientes *vergüenza* te sientes desprotegido. Quieres correr, esconderte o cubrirte. Parece que de pronto todos "saben" que no sirves, ¡o que algo está mal en tu interior y todos se dan cuenta!

DESAGRADO: Experimentas *desagrado* cuando, por ejemplo, algo o alguien mur cerca tuyo de repente huele mal y tienes que alejarte rápidamente. Sentimos desagrado cuando no nos gusta el olor o el sabor de algo.

RECHAZO: Cuando sientes *rechazo* por alguien, prácticamente no puedes estar cerca de esa persona; sientes que te "enferma". También es posible sentir rechazo por ti mismo.

Di lo siguiente:

Ahora hagamos un juego de roles, para lo cual nos dividiremos en grupos pequeños. Cada grupo recibirá una tarjeta que tiene escrito el nombre de un sentimiento.

Cada grupo tratará de adivinar de qué sentimiento se trata, sin usar ninguna palabra. No pueden hablar, sino sólo actuar.

Decidan en cada grupo si todos harán lo mismo o si cada uno realizará algo diferente. Recuerden: no se puede decir el nombre del sentimiento, sino que deben actuarlo.

Si no se les ocurre cómo hacerlo, relean la parte del libro que describe el sentimiento.

¿Tienen alguna pregunta qué hacer? (*responde las preguntas*).

Divide la clase en grupos de dos, tres o cuatro, según el tamaño de tu clase. Necesitas al menos ocho grupos. Da a cada uno una tarjeta con el nombre del sentimiento que tienen que representar.

Dales un tiempo para ensayar, luego reúne a los grupos y elige a uno para comenzar.

Después que el grupo haya mostrado el sentimiento, pregunta a los otros:

- ¿Qué sentimientos representan?
- ¿Por qué lo creen?
- ¿Qué los ayudó a darse cuenta?, ¿fue difícil o confuso?

Continúa hasta que cada grupo haya participado. Finaliza diciendo:

En esta actividad ejercitamos nuestra capacidad de llamar por su nombre a sentimientos con base en lo que vimos. El comportamiento "no verbal" nos ayudó a "leer" y nombrar los sentimientos.

Opcional: sentimientos combinados

Si el tiempo lo permite, extiende las lecturas y el juego de roles para incluir los sentimientos combinados descritos en la segunda edición del libro del estudiante. Podrías empezar preguntando:

¿Quién puede decirme lo que pasa al mezclar rojo y azul? (Se crea el morado.) ¿Y al mezclar azul y amarillo? (Verde.) ¿Rojo y amarillo? (Naranja.)

Los sentimientos sobre los que aprendimos son como colores. A veces se combinan. Cuando lo hacen, crean más sentimientos. Estos sentimientos también tienen nombres.

Lee en voz alta las siguientes descripciones de los cuatro sentimientos combinados discutidas en el libro del estudiante:

ARROGANCIA: Sentir *arrogancia* es ver a los demás sintiéndose superior. Piensas que eres mejor que ellos. Sientes que hay algo mal en ellos y que no merecen gustarle a nadie ni ser respetados.

CELOS: Sentir *celos* significa sentirte mal en tu interior porque otra persona tiene algo que tú deseas. O de repente descubres que alguien rivaliza contigo por afecto y la atención de otra persona.

SOLEDAD: Sentirte *solitario* o *solo* es como sentirse un extraño. Quieres sentirte cerca de alguien, o quieres pertenecer a un grupo, pero en cambio te sientes aislado, ignorado e indeseado.

DESÁNIMO: Cuando tu ánimo está alto, te sientes excitado y alegre. Cuando tu ánimo está bajo, te sientes melancólico, tus hombros se encogen, tu cabeza cuelga, tal vez sientes ganas de llorar.

Incluye los sentimientos combinados en el juego de roles. Dependiendo del tamaño de tu clase, podría ser necesario que los grupos pequeños representen más de un sentimiento.

4. Lo que te dice tu cuerpo

Antes de comenzar esta actividad, escribe en el pizarrón los nombres de los ocho sentimientos de alta intensidad listados en la página 20 del libro de estudiantes:

Emoción
Alegría
Sobresalto
Terror
Angustia
Cólera
Humillación

Nota: desprecio y aversión están incluidos entre los sentimientos de baja-intensidad listados en página xx del libro del estudiante, pero también pueden ser de alta-intensidad. Podrías querer agregarlos a esta discusión.

Di lo siguiente:

Puedes aprender mucho de tus sentimientos si escuchas lo que te dice tu cuerpo.

Piensa en la última vez que te enojaste tanto que estabas lleno de cólera. ¿Cómo se siente la cólera?, ¿en qué lugar de tu cuerpo la sientes?

Escribe sus respuestas junto a *cólera* en la lista, las cuales podrían ser: aprieto mis puños, mi cara se calienta y me dan ganas de gritar.

¿Y el *terror*?, ¿cómo te hace saber tu cuerpo que estás *aterrorizado*?

Escribe sus respuestas junto a *terror* en la lista, las cuales podrían ser: no puedo moverme (paralizado), siento que mi estómago se encoge, que mis manos están frías, estoy muy alerta, atento y nervioso; mi cuerpo y mis rodillas tiemblan, me castañetean los dientes y transpiro.

¿Y el *sobresalto*? ¿cómo te hace saber tu cuerpo que estás *sobresaltado*?

Escribe sus respuestas junto a *sobresalto* en la lista, las cuales podrían ser: grito muy fuerte, salto, levanto los brazos, y cubro mis ojos con mis manos.

Continúa hasta que hayas escrito al menos una o dos reacciones corporales o faciales junto a cada una de las ocho palabras de la lista.

Finaliza la actividad diciendo:

> Mientras aprendemos a llamar por su nombre a nuestros sentimientos, es bueno adaptarnos a con lo que nos pide nuestro cuerpo. Experimentamos sentimientos no sólo en la mente, sino también en el cuerpo.
>
> Con la práctica podrán llamar por su nombre a sus sentimientos con más facilidad.

Saber qué sienten los ayudará a saber cómo actuar.

5. Receta para tener un buen sentimiento

Di lo siguiente:

> Para divertirnos, vamos a inventar una receta para tener un buen sentimiento.
>
> Conocemos las cantidades de cada ingrediente, pero no sabemos cuáles son. Empecemos por *alegría*. Cada ingrediente debe producir ese sentimiento.

Escribe lo siguiente en el pizarrón:

Alegría

Un cuarto de...
Una taza de...
Dos cucharadas de...
Media cucharada de...
Una pizca de...

Hornear durante...

Di lo que sigue:

> Esto es todo lo que sabemos hasta ahora. (*Señala la receta y lee lo que escribiste.*) Ahora completaremos la receta.

Escribe las sugerencias de los alumnos junto a los ingredientes. Si a los estudiantes les cuesta trabajo captar la idea, da este ejemplo:

> Un cuarto de... tarde del sábado.
> Una taza de... buenos amigos.
> Dos cucharadas de... bromas.
> Media cucharada de... botanas.
> Una pizca de... sol.
>
> Hornear durante... 2 horas.

Cuando la receta de los estudiantes esté completa, pide a alguien que la lea para todos.

Di lo siguiente:

En una página en blanco de sus cuadernos escriban su receta para un buen sentimiento que quieran sentir más seguido. Puede ser una para alegría, atracción, emoción, satisfacción o sorpresa.

Si lo desean, podrán leer de las páginas. 20 a 23 en *"¡Defiéndete!"* y encontrar más nombres para estos buenos sentimientos. Mira después de las secciones de "Para ti en lo personal" y encontrarás listas con más nombres. Puedes llamar a tu sentimiento como lo desees.

Da un tiempo para que los estudiantes escriban sus recetas y luego pregunta:

¿Alguien quiere leernos su receta?

Di lo siguiente:

Sólo lee los ingredientes. Vamos a ver si podemos adivinar de qué sentimiento se trata.

Finaliza la actividad diciendo:

Existe más de una receta para la *alegría (o emoción, atracción, etc)*. Pero si reflexionamos un poco, casi siempre podremos reconocer por qué nos sentimos de determinada manera. Esto nos da más información acerca de nuestros sentimientos, lo cual aumenta nuestro poder personal.

Pongan atención a sus sentimientos; cuando distingan uno, mediten en él por un rato y pregúntense: "¿Qué ocurre a mi alrededor y qué me sucede en este momento?" Aprenderán qué cosas los hacen sentir enojados, tristes o felices.

6. Finalización

Sintetiza diciendo:

En esta clase aprendimos que ser capaces de llamar por su nombre a nuestros sentimientos es necesario para conocernos.

Aprendimos que una forma de dar a los sentimientos el nombre adecuado es escuchar lo que dice nuestro cuerpo.

Cuando podemos nombrar adecuadamente nuestros sentimientos, somos capaces de elegir cómo comportarnos.

Di lo siguiente:

Para la próxima clase lean las páginas 52 a la 60 en *"¡Defiéndete!"* (desde "Cómo hacer valer tus sentimientos, sueños futuros y necesidades"). En la próxima reunión averiguaremos qué significa hablar de nuestros sentimientos y cómo hacerlo.

Si es necesario, informa a los estudiantes acerca de la fecha y el lugar del próximo encuentro.

Cómo hacer valer tus sentimientos

Panorama general

El objetivo principal de esta clase es que los estudiantes comprendan qué significa reconocer como propio un sentimiento, de modo que aprenden que, una vez reconocido un sentimiento, pueden identificar cuáles son las opciones para actuar en relación con ese sentimiento. Hablar con uno mismo ayuda a identificar los sentimientos y discernir las opciones. Los estudiantes también aprenden formas de poner distancia con sus sentimientos cuando éstos son demasiado fuertes y difíciles de manejar.

> *¡Defiéndete!*
> **Tarea: lectura**
> Págs. 55 a 72

Resultados buscados

El propósito de esta clase es ayudar a los estudiantes a:

- Comprender que un elemento importante para defenderse es hacer valer los propios sentimientos.
- Entender que hablar consigo mismos puede ayudarlos a conocer más acerca de sus sentimientos.
- Identificar formas de deshacerse de sentimientos que por el momento son demasiado difíciles de enfrentar.
- Distinguir formas positivas de manejar sentimientos fuertes.

Materiales

- Ejemplares del libro para estudiantes *"¡Defiéndete!"* (actividades 2, 3, 4 y 5).
- Tarjetas de papel, una por cada estudiante, y una bolsa para meterlas (actividad 3).

- Fotocopia (pág. 63) de "Habla de las cosas contigo mismo (habla de tus sentimientos)" (actividad 4).
- Cuadernos de los estudiantes (actividad 6).
- Fotocopias extra de (pág. 13) "Clases: temas y tareas de lectura" (actividad 7).

Agenda

a. Presenta la clase.
b. Revisa la tarea de lectura.
c. Conduce la actividad "Qué significa hacer valer los sentimientos" y discutan todos brevemente acerca de los modos como las personas evitan hacer valer sus sentimientos.
d. Conduce la actividad "Habla de las cosas contigo mismo" para que los estudiantes, al conversar consigo mismos, puedan reconocer mejor sus sentimientos en una situación determinada.
e. Conduce la actividad "Grandes escapes" la cual tiene como objetivo que los estudiantes puedan distinguir sus opciones de acción cuando, en una situación determinada, un sentimiento se vuelve demasiado difícil de manejar.
f. Conduce la actividad "Manejar sentimientos fuertes", la cual tiene por objeto que los estudiantes reconozcan formas positivas de enfrentar sentimientos fuertes, y comprendan que pueden hablar de ellos con los adultos.
g. Finaliza la clase y asigna la lectura para la sexta clase.

Actividades

1. Introducción

Di lo siguiente:

En esta clase seguiremos hablando de los sentimientos. En la última clase aprendieron a *llamar por su nombre* a los sentimientos, y en ésta aprenderán a *hacerlos valer*.

Nombrar y hacer valer los sentimientos es necesario para conocerse a uno mismo y para aumentar el poder personal.

2. Lecturas

Pide a los estudiantes que lean o examinen las páginas 52-53 en *"¡Defiéndete!"*, comenzando con "Hablemos de los sentimientos".

Pídeles que cierren sus libros cuando terminen para que sepas que ya pueden continuar. Luego di:

> ¿Qué expone el libro acerca de esconder los sentimientos en nuestro interior y tratar de ignorarlos? Vamos a leer de nuevo esa parte.

Los estudiantes deben leer los dos párrafos de la página 53. Pide a uno de ellos que lea en voz alta:

Tal vez intentes hacer a un lado algunos sentimientos, sueños futuros y necesidades, o guardarlos muy dentro de ti; sin embargo, ésta no es una buena idea porque no deben permanecer alejados o guardados, y más tarde pueden convertirse en un gran problema.

Actualmente muchos adultos tienen grandes problemas en su vida. Los médicos piensan que esto se debe a que hicieron a un lado o se reservaron importantes sentimientos, sueños futuros y necesidades cuando eran niños. Al hacerlo perdemos la pista de quiénes somos realmente, nos perdemos a nosotros mismos.

Di lo siguiente:

> En esta clase aprenderán a hacer valer sus sentimientos en lugar de ignorarlos o esconderlos en su interior. Más adelante aprenderemos cómo expresar y hacer valer nuestros sueños futuros.

3. ¿Qué significa hacer valer un sentimiento?

Di lo siguiente:

> Vamos a ver si podemos recordar los nombres de los sentimientos que mencionamos en la última clase. Sin fijarse en el libro, ¿pueden mencionar uno?, ¿otro?, ¿uno más?

En el pizarrón escribe una lista con los sentimientos que nombran los estudiantes; quizá nombren todos, pero si no es así di:

> Consultemos de nuevo la página 20 del libro. ¿Cuál nos falta?

Continúa hasta que figuren en la lista todos los sentimientos de alta y de baja intensidad. Luego di:

> También aprendimos los nombres de cuatro sentimientos combinados. ¿Alguien recuerda cuáles son? (Desprecio, celos, soledad, humor bajo.)

Agrega esos sentimientos a la lista. Luego di:

En la clase pasada aprendimos que es importante conocer los nombres de los sentimientos, lo cual nos facilita hablar de lo que sentimos y hacer algo al respecto.

También nos facilita hacer valer nuestros sentimientos.

Piensa cómo te sientes ahora. ¿Cuál es el nombre de tus sentimientos? Tal vez es uno de los que figuran en la lista en el pizarrón, o quizá ninguna de estas palabras expresa cómo te sientes.

Tómate unos minutos para releer en el libro *"¡Defiéndete!"* en las páginas 20 a 33. Ahí figuran más nombres de sentimientos y los de los sentimientos opuestos. Quizá uno de esos nombres corresponde mejor con lo que sientes.

Cuando hayan encontrado un nombre para sus sentimientos, vengan al frente, tomen una tarjeta de la bolsa y escriban en ella el nombre del sentimiento ahí. Después llévenselo a sus asientos.

Da el tiempo suficiente para completar esta actividad y luego di:

¿Adivinen qué? Todos ustedes hicieron valer sus sentimientos. Pensaron en cómo se sentían, nombraron sus sentimientos, lo escribieron en un papel, lo tienen en su poder, y les pertenece.

Hacer valer un sentimiento no es tan difícil; en realidad es más sencillo que realizar las cosas que hace la gente para *evitar* dar validez a sus sentimientos. Vamos a hablar de cuáles son esas cosas y por qué no funcionan.

Escribe en el pizarrón:

Formas como evitamos hacer valer un sentimiento

Hacerlo a un lado.
Esconderlo dentro de ti.
Cuestionarlo.
Juzgarlo.
Ignorarlo.
Nombrarlo con un nombre inadecuado.

Discute brevemente cada punto de esta lista. El objetivo es que los alumnos comprendan que ninguno de estos caminos es una forma efectiva de actuar en relación con un sentimiento. Comienza preguntando:

a. ¿Qué pasa cuando hacen a un lado un sentimiento?, ¿es posible hacer esto en absoluto?

b. ¿Pueden hacer a un lado el sentimiento de enojo, o de miedo, o de celos?, ¿creen que el sentimiento volverá a presentarse?

c. ¿Qué ocurre cuando guardas un sentimiento muy dentro de ti? En la clase pasada hablamos acerca de cómo puedes reconocer tus sentimientos escuchando lo que dice tu cuerpo. Esconder tus sentimientos, ¿crees que es bueno o malo para tu cuerpo?

d. ¿Qué sucede cuando cuestionas un sentimiento (como cuando te preguntas "¿por qué me enojo?")? ¿Es ésa una actitud inteligente frente a tus sentimientos?, ¿por qué sí o por qué no?

e. ¿Es bueno juzgar los sentimientos? ¿qué pasa si me digo "éste es un sentimiento malo" o "éste es un sentimiento bueno"? Fíjense qué señala el libro sobre esto en la página 19.

Pide a alguien que lea en voz alta:

> Los sentimientos no son adecuados o inadecuados,
> buenos o malos, sino *simplemente existen*.

Pregunta:

- ¿Es posible ignorar un sentimiento? ¿nos hace bien? ¿por qué sí o por qué no?
- ¿Qué pasa cuando damos a un sentimiento el nombre inadecuado en vez de usar su nombre real?

Si los estudiantes no recuerdan, consulten la página 17 de su libro y pide a alguien que lea.

> Llamar a los sentimientos por sus nombres adecuados aumenta
> tu poder personal; en cambio, hacerlo de forma incorrecta lo reduce.

Di lo siguiente:

Algunas de estas ideas no son fáciles de comprender, incluso muchas veces a los adultos les cuesta trabajo entenderlas. Entonces les explico una forma entretenida de recordarlo.

Imagina que tu sentimiento es un cachorro, es tu cachorro y de nadie más.

Pregunta:

- ¿Qué pasa si tratas de apartarlo lejos?, ¿o encerrarlo?, ¿o cuestionarlo?, ¿o juzgarlo?, ¿o ignorarlo?, ¿o llamarlo con un nombre que no le corresponde, como "gatito" o "pajarito"?

- ¿Cuál es el mejor modo de tratar a tu cachorro? (reconocer que te pertenece).

Finaliza la actividad diciendo:

Cuando reconocemos un sentimiento, lo nombramos a la vez que lo aceptamos completamente, y lo hacemos valer. En ese momento se convierte en una parte nuestra.

Reconocerlo no significa que debemos vivir con él para siempre, sino sólo que estamos concientes de que está ahí y de que nos pertenece.

4. Hablar de las cosas contigo mismo

Di:

Pueden aprender mucho sobre sus sentimientos si hablan de las cosas con ustedes mismos. Hoy vamos a ejercitarnos en esto.

Reparte copias de "Habla de las cosas contigo mismo (habla de los sentimientos)" y luego di lo siguiente:

Antes de trabajar solos, vamos a leer el "diálogo" de la página 54 para darnos una idea de cómo se hace.

Fíjense que las fotocopias que repartí de "Habla de las cosas contigo mismo (habla de los sentimientos)" contienen algunas preguntas, pero hay espacios en blanco para que ustedes los completen.

Tómense unos minutos y escriban lo que sienten en este momento. Quizá sea el mismo sentimiento que reconocieron hace un rato u otro sentimiento.

No tendrán que mostrar lo que escriban a nadie, a menos que deseen hacerlo.

Tal vez escriban acerca de un sentimiento que les gustaría cambiar, o de uno que quieren conservar como es. Las dos cosas están bien, siempre y cuando se trate de lo que sienten ahora.

Después de unos minutos, pregunta lo siguiente:

- ¿Qué aprendieron con esto?
- ¿A alguien se le dificultó distinguir qué sentía?
- ¿Alguien quiere contarnos lo que descubrió acerca de su sentimiento?
- ¿Alguien quiere contarnos lo que decidió hacer con su sentimiento?

A veces no es posible cambiar inmediatamente un sentimiento, pues esto toma su tiempo. Si hablan de las cosas con ustedes mismos, distinguirán con más claridad qué decisión tomar respecto al sentimiento o cuál podría ser su causa.

Finaliza la actividad diciendo:

Guarden esto que escribieron en sus cuadernos; puede ayudarles a recordar las preguntas que debemos hacernos cuando necesitemos hablar con nosotros acerca de nuestros sentimientos.

5. Los grandes escapes

Di lo siguiente:

Todos alguna vez en la vida experimentamos sentimientos tan intensos que no sabíamos qué hacer. Después de reconocer alguno, quizá decidamos dejarlo a un lado un rato, porque nos resulta demasiado difícil de manejar por el momento.

De la página 57 a la 60, el libro *"¡Defiéndete!"* se refiere a cuatro grandes escapes. Vamos a revisarlo rápidamente desde el comienzo. ¿Quién puede decirme de qué se trata uno de estos grandes escapes?, ¿y otro?, ¿y el tercero?, ¿y el cuarto?

No hablaremos de soñar despiertos en este taller, pero tal vez quieran probarlo en sus casas.

Seguramente muchos de nosotros ya conocemos o usamos esta formas de escapar.

Pregunta lo que sigue:

¿Alguien de ustedes usa la risa como escape?, ¿qué cosas los hacen reír?

¿Alguien usa el ejercicio físico –como nadar, o andar en bicicleta o correr– para desviar la atención de un sentimiento?, ¿cómo les funciona?, ¿en qué situaciones lo realizan ?

Di lo siguiente:

A veces nos encontramos en una situación en la que no podemos irnos a caminar, o a andar en bicicleta, o encontrar algo que nos haga reír. Es bueno conocer una forma de escapar a un sentimiento, incluso cuando no podemos escapar de la situación.

Aprendamos una forma ahora.

¿Alguien de ustedes hizo burbujas con un aro y jabón?   Entonces saben qué divertido es cuando hacemos una burbuja enorme y la vemos flotar y alejarse.

Ésta es la idea del ejercicio de relajación que vamos a hacer ahora. Tomamos un sentimiento del cual queremos alejarnos, lo ponemos dentro de una burbuja y dejamos que se aleje flotando.

Incluso si ahora no se les ocurre un sentimiento del que quieran alejarse, de seguro tendrán en mente algo que los preocupa. Todos tenemos algo que nos hace preocupar de vez en cuando. Pueden usar este ejercicio para deshacerse de una preocupación.

Guía a los estudiantes en el siguiente ejercicio de relajación:

---

a. Nos sentamos en nuestra silla cómodamente, con los pies bien apoyados en el piso y los ojos cerrados.

b. Respira profundamente dos veces. Inhala por la nariz y exhala por la boca.

c. Inhala, exhala. Inhala y exhala. Siente cómo te relajas.

d. Piensa por un minuto en algo que te haya molestado últimamente. Puede ser cualquier cosa, grande o pequeña.

e. Visualízate con una varita para hacer burbujas en una mano, y una botella de jabón líquido en la otra. La varita es tan alta como tú y la botella de jabón llega casi hasta el techo.

f. Imagina que sumerges la varita dentro de la botella.

g. Ahora soplas en el aro de la varita. Mira cómo empieza a formarse una burbuja enorme.

h. Mientras se forma la burbuja, imagina que tu sentimiento o tu preocupación se meten en la burbuja. (*Haz una pausa de 10 segundos.*)

i. Mira cómo se aleja la burbuja, llevándose con ella tu preocupación. (*Pausa.*)

j. Déjala ir. (*Pausa.*)

k. Sopla otra burbuja y pon otro sentimiento adentro. (*Pausa.*)

l. Mírala mientras comienza a alejarse.

m. Déjala ir. (*Pausa.*)

(*Espera uno o dos minutos y luego di:*)

n. Ahora respira profundamente, inhalando por la nariz y exhalando por la boca.

ñ. Percibe cómo te sientes ahora que tu sentimiento o preocupación se ha alejado por un rato. Abre tus ojos.

Finaliza este ejercicio de relajación diciendo:

Diferentes personas tienen distintos modos de librarse de sus sentimientos. La próxima vez que experimenten un sentimiento tan fuerte que no se sientan capaces de enfrentarlo en el momento, piensen en una forma de alejarse de él hasta que parezca más manejable. Luego podrán reconsiderarlo y hablar de él con ustedes mismos.

6. Enfrentar sentimientos fuertes

Di lo siguiente:

Tener un gran escape no es lo mismo que hacer a un lado un sentimiento, ignorarlo, o cualquiera de las cosas de las que hablamos anteriormente. El gran escape es una manera de cuidarnos hasta que estemos preparados para controlar el sentimiento.

Tarde o temprano tendremos que enfrentar nuestro sentimiento, especialmente si es muy intenso –como terror, angustia, cólera, vergüenza, celos, soledad o depresión. Si tienes alguno de estos sentimientos, habla con un adulto en quien puedas confiar.

Es posible que no seas capaz de cambiar inmediatamente un sentimiento intenso, pues esto toma tiempo, pero no debes dejar que controle tu vida.

Di al respecto lo siguiente:

En una hoja en blanco de tu cuaderno escribe el nombre de un adulto en quien confíes y con quien puedas hablar, como uno de tus padres, un tío, una tía, una abuela, o un abuelo, una hermana o hermano mayor, un maestro, un consejero escolar, un entrenador, un vecino, un religioso. Después de escribir un nombre, escribe otro y luego otro más. Trata de escribir los nombres de tres adultos en quienes confíes y con quienes puedas hablar.

7. Finalización

Sintetiza diciendo:

En esta clase aprendimos que hacer valer nuestros sentimientos es importante para conocernos a nosotros mismos.

Aprendimos a hablar de las cosas con nosotros mismos y a juzgar qué hacer con un sentimiento.

Aprendimos que cuando un sentimiento se vuelve tan fuerte que no sabemos cómo manejarlo, es necesario desentendernos de él por un rato. Mencionamos algunos grandes escapes que podemos hacer hasta que nos sintamos capaces de manejar esos sentimientos.

Nombramos al menos un adulto en quien podamos confiar y a quien podamos hablar.

Di lo siguiente:

Antes de la próxima clase lean las páginas 36 a 41 en "¡Defiéndete!" (comenzando con "Expresa tus sueños futuros"), relean de la 52 a la 56 (a partir de "Cómo hacer valer tus sentimientos, sueños futuros y necesidades"), y lean las páginas 81 y 82 (empezando con "Lista de cosas hechas por mí").

Las páginas están listadas en la hoja que entregué al comienzo del taller, "Clases: temas y tareas de lectura". Si alguien quiere una copia, me avisa por favor.

Si es necesario, informa a los estudiantes acerca de la fecha y el lugar del próximo encuentro.

HABLA DE LAS COSAS CONTIGO MISMO
(HABLA DE LOS SENTIMIENTOS)

Habla de las cosas contigo mismo (habla de los sentimientos) Pregúntate: "¿cómo me siento hoy?" Luego nombra un sentimiento que tienes ahora, y háblalo contigo mismo. Tu conversación podría ser como sigue:

Di:
Hoy me siento _____

Pregunta:
¿Por qué me siento _____?
¿Qué cosa motivó que me sienta _____?

Di:
Me siento _____ porque _____

Pregunta:
¿Qué puedo hacer con mi sentimiento de _____?

Di:
Puedo _____

_____

_____

Ideas que puedes compartir o utilizar.

Expresar y hacer valer tus sueños

Panorama general

En esta clase, los estudiantes aprenden otra forma de obtener poder personal: expresar y hacer valer sus sueños. La idea principal es que los sueños son tanto sus metas personales, analizan como básicos para desarrollar la autoestima y el poder personal. Se analizan dos tipos de sueño: los del futuro próximo y los del futuro lejano. Los estudiantes aprenden cómo se relacionan ambos y realizan una práctica que consiste en conversar consigo mismos acerca de un sueño.

> *¡Defiéndete!*
> **Tarea: lectura**
> Págs. 42 a 45
> (desde la sección
> "Expresa tus sueños
> futuros), 55 a 59
> (hasta terminar la
> sección "Habla de
> las cosas contigo
> mismo"), y 99 a 103
> (la sección "Lista de
> cosas hechas por mí"

Resultados buscados

El propósito de esta clase es ayudar a los estudiantes a:

- Comprender que un elemento importante para defenderse es expresar y hacer valer los sueños propios.
- Entender que hablar consigo mismos puede ayudarlos a conocer más acerca de sus sueños.
- Distinguir entre el futuro próximo y el futuro lejano.
- Incorporar la "Lista de cosas hechas por mí" como una forma de generar autoestima.

Materiales

- Ejemplares del libro para estudiantes *"¡Defiéndete!"* (actividades 2 y 5).
- Pizarrón (actividad 3).

- Fotocopias (pág. 74) de "Habla de las cosas contigo mismo (habla de tus sueños)" (actividad 5).
- Pelota de volibol y cinta para enmascarar (actividad 4).
- Copias extras de "Cómo hacer una lista feliz" (pág. 35) (actividad 6).
- Copias de "Cómo hacer una lista de cosas hechas por mí" (pág. 75) (actividad 6).
- Fotocopias extra de (pág. 13) "Clases: temas y tareas de lectura" (actividad 7).

Agenda

a. Presenta la clase.
b. Revisa la tarea de lectura.
c. Conduce la actividad "Expresar nuestros sueños"
d. Conduce la actividad "Volibol de los sueños" para que los estudiantes practiquen relacionar el futuro próximo con el futuro lejano.
e. Conduce la actividad "Habla de las cosas contigo mismo" para que los estudiantes, al conversar consigo mismos, sean capaces de elegir y decidir adecuadamente respecto a sus sueños.
f. Conduce la actividad "Lista de cosas hechas por mí".
g. Finaliza la clase y asigna la lectura para la séptima clase.

Actividades

1. Introducción

Di lo siguiente:

> En esta clase hablaremos acerca de cómo expresar y hace valer nuestros sueños, que es una manera de conocernos, así como una forma de obtener poder personal.

2. Lecturas

Pide a los estudiantes no sólo que lean o revisen las páginas 36 a 41 de *¡Defiéndete! Desarrolla tu poder personal y autoestima* (comenzando por "Expresa tus sueños futuros"), sino también que cierren sus libros cuando terminen para que sepas que ya pueden continuar. Luego pregunta:

> ¿Quién puede explicarme por qué necesitamos tener sueños acerca del futuro?

Espera que los estudiantes respondan. Y después pide a un voluntario que lea el primer párrafo de "Expresa tus sueños futuros" en la página 36 del libro de los estudiantes:

> Estos sueños son tus metas personales y dan a tu vida dirección, propósito y significado. Guían tus decisiones y te ayudan a definir el tipo de persona que deseas ser.

Pregunta:

> ¿Quién puede decirme que pasaría con nosotros si no tuviésemos sueños acerca de nuestro futuro?

Espera que los estudiantes respondan y luego di:

> Sin sueños referentes al futuro, no tendremos metas personales, las cuales dan a nuestras vidas una dirección, un propósito y un sentido. Guían tus decisiones y te ayudan a definir la clase de persona que eres y que deseas ser. ¡Los sueños acerca del futuro son importantes!

Finaliza la actividad diciendo:

> En esta clase nos ejercitaremos para expresar y hace valer nuestros sueños.

3. Expresar nuestros sueños

Di lo siguiente:

> Existen dos clases de sueños: aquellos que aluden al *futuro cercano* y aquellos acerca del *futuro lejano*. Necesitamos las dos clases.
>
> Vamos a analizar qué significa *futuro cercano* y *futuro lejano*, para asegurarnos de que hablamos de lo mismo. ¿Qué creen que es el *futuro cercano*?

Discutan hasta llegar a un acuerdo.

> ¿Qué creen que es el *futuro lejano*?, ¿cuando hayan terminado su educación o su carrera?, ¿cuando tengan 30 o 40 años?

Discutan hasta llegar a un acuerdo.

> Me gustaría conocer algunos de sus sueños para el futuro lejano; yo también les contaré los míos.

Escribe una lista de sueños en el pizarrón a medida que los estudiantes participan, e incluye algunos sueños tuyos.

> Ahora vamos a escuchar algunos de sus sueños para el futuro cercano, yo también les contaré algunos de los míos.

Escribe una lista de sueños en el pizarrón a medida que los estudiantes participan, e incluye algunos sueños tuyos.

> ¿Cuál de las dos listas les parece que tiene los sueños más "grandes"?, ¿tiene sentido?, ¿por qué sí o por qué no?
>
> ¿Creen que los sueños para el futuro lejano y los sueños para el futuro cercano tienen que estar relacionados? ¿por qué sí o por qué no?

Di lo siguiente:

> Escriban en sus cuadernos, tan rápido como puedan, 10 sueños que tengan. No piensen ahora si son para el futuro cercano o lejano.
>
> No tendrán que contarnos qué escribieron, a menos que quieran hacerlo. Este ejercicio sirve para que ustedes nombren sus sueños.
>
> ¿Quién quiere compartir un ejemplo con nosotros?

Deja unos minutos para que escriban y luego di:

> Ahora relean la lista que hicieron y decidan cuál sueño es para el futuro cercano y cuál para el futuro lejano. Pongan una C junto a cada sueño para el futuro cercano y una L junto a cada sueño para el futuro lejano.
>
> ¿Tenían sueños de las dos clases?
>
> Ahora cada uno leerá para sí mismo uno de sus sueños para el futuro lejano. ¿Creen que tienen algún sueño para el futuro cercano que ayude a que se realice tu sueño para el futuro lejano?
>
> ¿Quién quiere compartir un ejemplo?

Finaliza la actividad diciendo:

> En esta actividad nos ejercitamos para expresar nuestros sueños. Aprendimos que existen dos clases de ellos: sueños para el futuro cercano y sueños para el futuro lejano. Necesitamos las dos clases.

4. Volibol de los sueños

Di lo siguiente:

No siempre resulta fácil relacionar los sueños para el futuro cercano con los sueños para el futuro lejano. Podemos imaginar que somos o hacemos algo en el futuro, pero no sabemos exactamente cómo llegar ahí.

Podemos darnos ideas unos a otros por medio de un juego que se llama el "volibol de los sueños".

Despeja un sector del salón de clases y ubica a dos grupos como si estuvieran en lados opuestos de una red (una fila adelante, otra en medio y otra más en el fondo). El número de columnas dependerá de la cantidad de estudiantes. Indica la red imaginaria con una cinta para enmascarar en el piso.

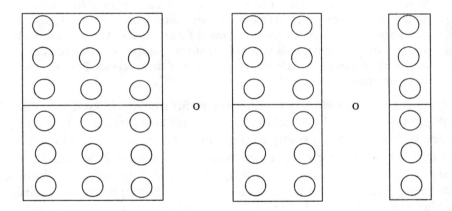

Di lo siguiente:

El "Volibol de los sueños" tiene algunas reglas, por lo cual escuchen con atención mientras explico, después podrán hacer preguntas.

Señala la red (la cinta para enmascarar) y luego explica las reglas (puedes leerlas):

Regla 1: en este juego van a lanzar *con suavidad* la pelota a alguien del otro lado de la red.

Regla 2: cuando lances la pelota, vas a expresar en voz alta un sueño *para el futuro lejano*, algo que te gustaría ser algún día.

Regla 3: el que atrape la pelota dirá en voz alta un sueño *para el futuro cercano* que se relacione con el sueño para el futuro lejano expresado por la persona que le lanzó la pelota. Presta atención a dos aspectos: quién te lanzó la pelota y qué sueño para el futuro lejano nombró.

Regla 4: después de decir un sueño para el futuro cercano, expresa tu sueño para el futuro lejano. Luego lanza la pelota a alguien y escucha lo que éste te dice. Quizá él o ella te sugieran una buena idea para un sueño del futuro cercano.

Pregunta:

¿Todos entienden lo que vamos a hacer?, ¿tienen alguna pregunta que formular?

Responde a las preguntas. Si es necesario di lo siguiente:

Recuerden: van a expresar dos sueños, primero uno para el futuro cercano que se nos ocurre en relación con un sueño para el futuro lejano de otra persona, y después tu sueño para el futuro lejano. Cuando lances la pelota a otra persona, ésta contará un sueño para el futuro cercano que podría ayudarte a alcanzar tu sueño para el futuro lejano. Practiquemos antes de empezar.

Comienza nombrando un sueño para el futuro lejano (por ejemplo: "quiero navegar alrededor del mundo"). Lanza la pelota a un estudiante, quien debe expresar un sueño para el futuro cercano relacionado con tu sueño para el futuro lejano. Si al estudiante le cuesta trabajo hacer esto, dale algunas sugerencias. (por ejemplo: "Podría empezar a leer libros acerca de gente que dio la vuelta al mundo en barco; para ello, podría hablar con alguien que lo hizo o empezar a tomar clases de náutica".)

Luego di a otro estudiante que nombre un sueño para el futuro lejano y te lance la pelota; a su vez, tú expresarás un sueño para el futuro cercano que se relacione con el que nombró el estudiante.

Cuando los estudiantes se muestren preparados, comienza el juego. Deja que jueguen durante 5 o 10 minutos, lo cual dependerá de su interés. En cada tanto sería bueno intercalar algún comentario positivo del tipo "¡Buena idea!" o "¡Qué bonito sueño!"

Más tarde, cuando los alumnos retornen a sus asientos, di:

Recién escuchamos muchas ideas que pueden ayudarnos a realizar nuestros sueños. Quizá pronto quieran experimentar con alguna de estas ideas.

Finaliza la actividad diciendo:

Tener sueños es importante, pues dan a tu vida dirección, propósito y sentido. Es importante tener sueños para el futuro cercano que te ayuden a realizar uno para el futuro lejano.

5. Hablar de las cosas contigo mismo

Di lo siguiente:

Si hablan de las cosas con ustedes mismos, aprenderán mucho acerca de sus sueños. Hoy vamos a ejercitarnos en esto.

Reparte copias de la hoja "Habla de las cosas contigo mismo (habla de los sueños)" y luego di:

Antes de que trabajen solos, vamos a analizar el "diálogo" en las páginas 54-56 para que vean un ejemplo de cómo se hace.

Observen que en la hoja que tienen ustedes ("Habla de las cosas contigo mismo") aparecen las mismas preguntas que están en el libro, pero hay espacios en blanco para que ustedes los completen.

Tómense unos minutos y escriban un sueño que tengan ahora, acerca del futuro cercano o lejano. No tendrán que mostrar lo que escribieron a nadie, a menos que lo deseen, pues esto es sólo para ustedes.

Luego de unos minutos pregunta:

- ¿Qué aprendimos con esto?
- ¿A alguien le cuesta darse cuenta de qué necesita aprender para realizar sus sueños? Hablar con ustedes mismos los ayudará a comprender qué necesitan aprender.
- ¿Alguien quiere compartir su sueño con nosotros y contarnos qué decidió hacer para realizarlo?

Da un tiempo a los estudiantes que quieran compartir lo que escribieron y finaliza la actividad diciendo:

Si quieren, pueden planificar cómo aprender y hacer cosas para que sus sueños se realicen. Escriban el plan en sus cuadernos. Pueden planear hacer algo mañana, otra cosa la próxima semana, otra más en el final del año, etcétera. Cada vez que aprendan o hagan algo que se relacione con el sueño, anótenlo en sus cuadernos.

Conserven estos escritos en el cuaderno para que los ayude a recordar qué deben preguntarse cuando quieran hablar con ustedes mismos acerca de sus sueños.

6. La "lista de cosas hechas por mí"

Di lo siguiente:

En la segunda clase aprendimos cómo hacer la Lista feliz, para coleccionar y almacenar buenos sentimientos.

Levanten la mano los que hicieron su Lista feliz todos los días.

Si todos los estudiantes levantan la mano, felicítalos y continúa. Si algunos no la levantaron, pídeles que vuelvan a leer las páginas 73 a 76 de *¡Defiéndete! Desarrolla tu poder personal y autoestima* cuando lleguen a casa (o más tarde, si queda tiempo) y que comiencen a hacer la lista. Reparte fotocopias extra de la hoja de "Cómo hacer una Lista feliz" a los estudiantes que las necesiten.

Di lo que sigue:

> Hoy empezaremos a elaborar una "Lista de cosas hechas por mí", como la Lista feliz pero diferente.
>
> En lugar de escribir *cosas que pasan*, que nos hacen sonreír, escribiremos lo que llevamos a cabo que nos hace sentir orgullosos. Pueden ser actividades en las que participamos, problemas que resolvemos, éxitos, iniciativas, decisiones que tomamos, desafíos que enfrentamos, objetivos que alcanzamos, gente que ayudamos, logros de cualquier tipo, y cualquier cosa que nos haga sentir satisfechos, contentos y orgullosos.
>
> Como la Lista feliz, la "Lista de cosas hechas por mí" aumenta tu poder personal y te enseña que eres responsable de estar orgulloso de ti. Puedes decidir efectuar algo que te haga sentir orgulloso, o buscar algo que te proporcione un sentimiento de orgullo, o coleccionar y almacenar sentimientos de orgullo.
>
> En una página en blanco de tu cuaderno escribe, ahora mismo, cinco cosas que realizaste ayer que te hagan sentir orgulloso; no tienen que ser cosas importantes. Frecuentemente hacemos cosas buenas cuando actuamos con sinceridad.

Da a los estudiantes un tiempo para escribir, luego di:

> ¿A alguien le costó trabajo elaborar la lista? Tal vez pensaban en grandes logros, pero recuerden que las cosas pequeñas cuentan tanto como las grandes. Cualquier cosa que los haga sentir orgullosos pueden anotar en la lista.
>
> Para elaborar la "Lista de cosas hechas por mí" y almacenar muchos sentimientos de orgullo pueden seguir cuatro pasos sencillos.

Reparte fotocopias de la hoja "Cómo hacer una lista de cosas hechas por mí"; léelo o pide a un estudiante que lea para todos):

1. SUSPENDE lo que estás haciendo y reconoce qué te hace sentir orgulloso, luego
2. EXPERIMENTA el sentimiento de orgullo, después
3. GUÁRDALO dentro de ti y posteriormente
4. ANÓTALO lo antes posible.

Di lo siguiente:

En la lista podemos incluir cosas como las que siguen:

- Saqué la basura sin que nadie me lo pidiera.
- Alimenté a mi gato.
- Estudié para el examen de matemáticas.
- Me acordé de hacer la tarea.
- Dije "hola" al alumno nuevo en la escuela.
- Ayudé a mi hermana a limpiar su cuarto.
- Logré entrar al equipo de softbol.
- Ingresé en el club de matemáticas.

Finaliza la actividad diciendo:

Hacer una "Lista de cosas hechas por mí" los ayudará a defenderse, aumenta el poder personal y ayuda a desarrollar la autoestima desde adentro.

Sentirse orgulloso no significa ser terco, arrogante o pensar que uno es mejor que los demás, sino sólo disfrutar de los propios logros, talentos y habilidades.

Imagina que tu "Lista de cosas hechas por mí" es una cuenta de ahorro de autoestima. Te recuerda lo valioso que eres.

Desde ahora y durante lo que resta del taller hagan una "Lista de cosas hechas por mí" todos los días. Verán que no toma tanto tiempo hacer las dos listas y vale la pena.

7. Finalización

Sintetiza diciendo:

En esta clase aprendimos que expresar y hacer valer nuestros sueños es importante para conocernos a nosotros mismos.

Aprendimos que son necesarios dos clases de sueños: aquellos para el futuro cercano, y aquellos otros para el futuro lejano. Tus sueños para el futuro cercano pueden ayudarte a realizar tus sueños para el futuro lejano.

Aprendimos que hablar de las cosas con nosotros mismos nos enseña cómo dar validez a nuestros sueños y qué hacer para realizarlos.

También aprendimos a elaborar una "Lista de cosas hechas por mí".

Di lo siguiente:

Antes de la próxima clase lean las páginas 42 a 57 en *"¡Defiéndete!"*. Ya leyeron de la 52 a la 57, pero por favor reléanlas.

Las páginas están listadas en la hoja que entregué al comienzo del taller "Clases: temas y tareas de lectura". Si alguien necesita una copia, me avisa por favor.

En el próximo encuentro nos ocuparemos de qué significa expresar y hacer valer tus necesidades.

Si se requiere, informa a los estudiantes acerca de la fecha y el lugar del próximo encuentro.

HABLA DE LAS COSAS CONTIGO MISMO
(HABLA DE LOS SUEÑOS)

Pregúntate "¿Cuáles son mis sueños acerca del futuro?" y luego nombra un sueño para el futuro lejano o cercano. Entonces, convérsalo contigo mismo. Tu conversación puede ser como sigue:

Di:
Realmente quiero —————————————————— algún día.

Pregunta:
¿Qué tengo que aprender para que este sueño se realice?

Di:
Puedo comenzar a ————————————————————
————————————————————————————————
————————————————————————————————

Pregunta:
¿Qué más puedo hacer?

Di:
Puedo ——————————————————————————
————————————————————————————————
————————————————————————————————

Ideas que puedes compartir o utilizar.

CÓMO ELABORAR UNA LISTA
DE COSAS HECHAS POR MÍ

Cuando pase algo que te haga sentir orgulloso:

1. SUSPENDE lo que estás realizando y reconoce qué te hace sentir orgulloso, luego

2. EXPERIMENTA el sentimiento de orgullo, después

3. GUÁRDALO dentro de ti y posteriormente

4. ANÓTALO lo antes posible.

Trata de hacer esto cinco veces al día todos los días, incluso los fines de semana. Siéntete orgulloso de ti al menos cinco veces al día.

Ideas que puedes compartir o utilizar.

Expresar y hacer valer tus necesidades

Panorama general

En esta clase, los estudiantes aprenden a expresar y hacer valer sus necesidades. Se presentan siete necesidades básicas: relacionarnos con otras personas; tocar y ser tocados; pertenecer y sentirte "uno" entre los demás; ser diferente y estar separado; nutrir (interesarnos por otras personas y ayudarlas); sentirnos considerados, valorados y admirados; y tener poder sobre nuestras relaciones y nuestra vida.

> *¡Defiéndete!*
> **Tarea: lectura**
> Págs. 45 a 59
> (hasta terminar
> la sección "Habla
> de las cosas contigo
> mismo")

Los estudiantes aprenden que cuanto más conocen sus necesidades, mejor podrán comprenderlas y comunicarlas a los demás. Estar conscientes de las propias necesidades y pensar en cómo satisfacerlas son formas de saber defenderse por sí mismos. Los estudiantes aprenden no sólo que las necesidades guían sus decisiones y los ayudan a definir la clase de persona que son y que desean ser, sino también cómo sus necesidades desempeñan un papel importante al elegir y construir las relaciones.

Resultados buscados

El propósito de esta clase es ayudar a los estudiantes a:

- Comprender que un elemento importante para defenderse es expresar y hacer valer las necesidades propias.
- Identificar siete necesidades que son comunes a todas las personas.
- Entender que hablar consigo mismos puede ayudarlos a conocer más acerca de sus necesidades.

Materiales

- Ejemplares del libro para estudiantes *"¡Defiéndete!"* (actividades 2 y 5).
- Fotocopias de (pág. 84) "Siete necesidades" (actividad 3).
- Materiales para diseñar un mural (actividad 4).

   Pega en la pared antes de comenzar la clase:

   - Una gran lámina de papel blanco donde esté escrito "Dibuja tu necesidad".

   Ubica sobre una mesa grande cerca de la lámina de papel:

   - Viejas revistas, catálogos y periódicos con ilustraciones.
   - Papel para dibujar y papel de colores para recortar.
   - Crayones, lápices y marcadores de colores.
   - Tijeras, cinta adhesiva y pegamento.
- Fotocopias de "Hablar de las cosas contigo mismo (habla de tus necesidades)" (pág. 85) (actividad 5).

Agenda

- *a.* Presenta la clase.
- *b.* Revisa la tarea de lectura.
- *c.* Conduce el debate "¿Qué necesitas?"
- *d.* Conduce la actividad "Dibuja tus necesidades" para que los estudiantes aprendan a reconocer cómo sus necesidades se relacionan con lo que hacen en su vida cotidiana.
- *e.* Conduce la actividad "Habla de las cosas contigo mismo" para que los estudiantes, al conversar consigo mismos, sean capaces de identificar sus necesidades.
- *f.* Revisa los motivos para elaborar una "Lista de cosas hechas por mí".
- *g.* Finaliza la clase y asigna la lectura para la octava clase.

Actividades

1. Introducción

Di lo siguiente:

En esta clase hablaremos acerca de cómo expresar y hacer valer nuestras necesidades, que es una manera de conocernos a nosotros mismos. También es una forma de obtener poder personal.

Todos los seres humanos tienen las mismas necesidades básicas. Cuando todas están satisfechas, somos personas más saludables y felices.

A veces, algunas necesidades son difíciles de satisfacer inmediatamente. En esta clase aprenderemos qué podemos hacer incluso cuando no somos capaces de satisfacer nuestras necesidades.

2. Lecturas

Pide a los estudiantes no sólo que lean o revisen las páginas 42 a 57 de *¡Defiéndete! Desarrolla tu poder personal y autoestima*, sino también que levanten la mano cuando terminen para que sepas que ya pueden continuar, pero que mantengan abiertos sus libros. Luego pregunta:

¿Qué queremos decir realmente cuando expresamos que necesitamos algo?, por ejemplo: "necesito un nuevo juguete" o "necesito un nuevo corte de pelo". (*En realidad esto significa que "deseamos" algo*.)

Necesitar a otras personas ¿es un signo de que somos fuertes o de que somos débiles? Encuentren en su libro una o dos oraciones que sustenten su respuesta.

Pide a un voluntario que lea estas oraciones en la página 43 del libro de los estudiantes:

> Si necesitas a otras personas y te relacionas con ellas,
> ¡no significa que seas débil! *Eres fuerte.* Necesitar es una fuente de fortaleza.

¿Por qué en nuestra sociedad a la gente le resulta difícil tocar y abrazar? Encuentren el párrafo en el libro y sigan leyendo conmigo.

Lee en voz alta el siguiente párrafo de la página 44:

> Desafortunadamente vivimos en una sociedad que confunde tocar y abrazarse con otras intenciones; por ello, conforme crezcas, podrás recibir diferentes mensajes respecto a tocar y ser tocado. La gente se burla y pone apodos a los amigos que se tocan; a su vez, los padres pueden decidir repentinamente que sus hijos e hijas adolescentes están "demasiado grandes" para abrazarlos y besarlos. Éste es un problema de nuestra sociedad y no tuyo; sin embargo, es bueno necesitar tocar y ser tocado.

Recuérdales que deben tener muy clara la diferencia entre una *buena forma de tocar* y una *forma de tocar malintencionada*. Di al respecto:

La *buena forma de tocar* es agradable y te hace sentir bien, por ejemplo: tu mamá te abraza, o tus amigos te palmean la espalda cuando anotas un gol, o tu papá te abraza y te consuela cuando te sientes triste.

Una *forma de tocar malintencionada* es aquella en la cual alguien –normalmente un adulto o un niño mayor– te toca de tal modo que te hace sentir mal o que no te gusta. Si eso pasa, será *muy* importante decir ¡no!, alejarte lo más rápido posible y luego contarlo a un adulto en quien confíes. También es bueno que hables con un adulto cuando tienes dudas sobre cuál es la buena forma de tocar y cuál es la mala.

Anteriormente en el taller, en la quinta clase, ustedes escribieron en sus cuadernos los nombres de los adultos en quienes confían o con quienes pueden hablar de sus sentimientos intensos. También pueden conversar con ellos acerca de la buena y la mala forma de tocar.

Pregunta:

¿Alguien puede decirme qué significa sentirse "uno" con los demás? *(Sentimos que tenemos cosas en común con ellos; nos sentimos cerca de ellos; ellos nos gustan y nosotros les gustamos a ellos; aprendemos de ellos y ellos aprenden de nosotros.)*

¿Por qué creen que necesitamos sentirnos cercanos y unidos con otras personas? *(Esto nos ayuda a ver que no estamos solos.)*

Di lo siguiente:

A la vez que necesitamos sentirnos unidos, también necesitamos sentirnos diferentes y separados. Cada uno necesita ser uno mismo. Nos movemos entre estas dos necesidades y necesitamos nutrir a otras personas, lo cual las hace sentir bien y también a nosotros.

Pregunta:

¿Alguien puede contarme de alguna vez que nutrieron a otra persona, o que otra los nutrió a ustedes?

Di:

Todos necesitamos sentirnos apreciados, valorados y admirados. Si los demás no nos ayudan a sentirnos apreciados, valorados y admirados, ¿quién podrá ayudarnos? *(Podemos afirmarnos y alentarnos a nosotros mismos).*

Necesitamos sentir que tenemos algún poder en nuestras relaciones y en nuestras vidas. Hablaremos más acerca de esto en la próxima clase.

3. ¿Qué necesitas?

Reparte copias de la hoja con las "Siete necesidades". Lee a los estudiantes o pide voluntarios para que lean una oración cada uno:

> *a.* Relacionarnos con otras personas.
> *b.* Tocar y ser tocados.
> *c.* Pertenecer y sentirte "uno" entre los demás.
> *d.* Ser diferente y estar separado.
> *e.* Nutrir (interesarnos por otras personas y ayudarlas).
> *f.* Sentirnos considerados, valorados y admirados.
> *g.* Tener poder sobre nuestras relaciones y nuestra vida.

Pregunta:

> Si necesitan algo pero no saben qué es, ¿cómo podrán darse cuenta de qué necesitan? *(Si alguien sugiere conversarlo consigo mismo, muéstrate de acuerdo y agrega que más tarde harán una práctica)*.
>
> ¿No piensan que nuestros sueños y sentimientos pueden darnos una pista acerca de qué necesitamos?

Di lo siguiente:

> Si me siento solo, ¿qué estoy necesitando? *(La necesidad de relacionarme con otras personas, la necesidad de tocar y abrazar, la necesidad de pertenecer y sentirme "uno" con los demás.)*
>
> Si sueñas que estás a cargo de tu vida y que tomas todas las decisiones sin pedir permiso a nadie, ¿qué necesidad puede ser ésta? *(La necesidad de tener poder sobre nuestras relaciones y nuestras vidas.)*

Pide a los estudiantes que propongan otros sentimientos o sueños y que los relacionen con necesidades. Si encuentran dificultades, podrás dar algunos ejemplos:

- No me dan ganas de salir con mis amigos ahora. Quiero estar solo un poco. ¿Qué necesito? *(Ser diferente y estar separado.)*
- Estimo que nada de lo que hago es realmente importante. ¿Qué necesito? *(Sentirme apreciado, valorado y admirado.)*
- Me gustaría ser otra vez un bebé para dormir en los brazos de papá. ¿Qué necesito? *(Ser tocado y abrazado.)*

Finaliza la actividad diciendo:

> Hasta ahora lo que hemos hecho es expresar nuestras necesidades. Aprendimos que nuestros sentimientos y sueños pueden darnos pistas acerca de ellas.

4. Dibuja tus necesidades

Señala la gran lámina de papel que tiene escrita la indicación "Dibuja tus necesidades" y di:

Vamos a hacer un mural acerca de nuestras necesidades.

Cada uno encontrará una imagen o hará un dibujo que se relacione con una de las siete necesidades básicas. Sobre la mesa encontrarán revistas y material para dibujar.

Cuando terminen su dibujo, péguenlo en el mural. No digan a nadie cuál es la necesidad con que se relaciona; manténganlo en secreto por ahora.

Pueden traer su hoja con las "Siete necesidades" para que les ayude a recordar cuáles son.

Cuando hayan pegado el dibujo en el mural, regresen a sus asientos.

Recuerden que sus dibujos deben relacionarse con una de las siete necesidades básicas.

Tienen 10 minutos para trabajar en el mural, de modo que comiencen ahora.

Luego de 10 minutos da por terminada esta parte de la actividad, incluso si algunos estudiantes todavía están trabajando. Cuando todos hayan regresado a sus asientos, diles:

Vamos a ver si podemos adivinar a cuál necesidad se refiere cada dibujo.

Indica sucesivamente cada dibujo y solicita voluntarios para adivinar con qué necesidad se relacionan. Después de una o dos respuestas, pide al estudiante que hizo el dibujo que levante la mano y luego pregúntale, "¿en qué necesidad pensabas?"

Nota: concede medio minuto a cada uno y da por terminada esta parte de la actividad luego de cinco minutos.

Finaliza la actividad diciendo:

Estamos ejercitándonos en pensar acerca de las necesidades básicas y cómo se relacionan con nuestras vidas. Todo el mundo tiene las mismas siete necesidades. Es importante que las conozcamos para que tratemos de satisfacerlas.

5. Hablar de las cosas contigo mismo

Di lo siguiente:

Si Hablan de las cosas con ustedes mismos, aprenderán mucho acerca de sus necesidades. Hoy vamos a ejercitarnos en esto.

Reparte copias de la hoja "Habla de las cosas contigo mismo (habla de las necesidades)" y luego di lo que sigue:

Antes de que trabajen solos, vamos a ver el "diálogo" en la página 56 para que conozcan un ejemplo de cómo se hace.

Observen que en la hoja que tienen ("Habla de las cosas contigo mismo") aparecen preguntas al igual que en el libro, pero hay espacios en blanco para que los completen.

Tómense unos minutos y escriban una necesidad que tengan ahora. No tendrán que mostrar lo que escribieron a nadie, excepto si lo desean. Esto es sólo para ustedes.

Luego de unos minutos pregunta:

- ¿Qué aprendimos con esto?
- ¿A alguien le resulta difícil imaginar cómo satisfacer sus necesidades? Hablar con ustedes mismos los ayudará a comprender con mayor claridad qué necesitan hacer.
- ¿Alguien quiere compartir su necesidad con nosotros y contarnos qué decidió hacer al respecto?

Da un tiempo a los estudiantes que quieran compartir lo que escribieron, y finaliza la actividad diciendo:

Conserven estos escritos en el cuaderno para que los ayude a recordar qué cosas deben preguntarse cuando quieran hablar con ustedes mismos acerca de sus necesidades.

6. "Lista de cosas hechas por mí" (repaso)

Di lo siguiente:

En la última clase aprendimos cómo hacer la "Lista de cosas hechas por mí", y les pedí que la elaboraran todos los días, como lo llevan a cabo con la Lista feliz.

¿Como va eso?, ¿pueden encontrar cosas para poner en la lista, algo que los haga sentir orgullosos y satisfechos?, ¿son capaces de sentirse orgullosos de ustedes cinco veces al día?

¿A alguien le costó mucho hacer la lista?, ¿querían escribir sólo acerca de grandes logros? Recuerden que las cosas pequeñas también cuentan. Cualquier cosa que los haga sentir orgullosos puede anotarse en la lista.

Puede pasar un tiempo hasta que empiecen a estar conscientes de sus logros. A veces nos entrenamos para notar solamente las cosas que *no* hacemos bien, lo cual nos impide percibir nuestros logros.

Continúen escribiendo cada día. Cuando se convierta en hábito, les resultará más sencillo.

No olviden que la "Lista de cosas hechas por mí" es como una cuenta de ahorro de autoestima para cada uno, de modo que no permitan que se quede vacía, pues les recuerda lo valioso que es cada uno. ¡Y ésa es una de las siete necesidades básicas!

7. Finalización

Sintetiza diciendo:

En esta clase aprendimos que expresar y hacer valer nuestras necesidades es importante para conocernos a nosotros mismos.

Aprendimos que todos tenemos siete necesidades básicas, y aprendimos cuáles son.

Aprendimos que hablar de las cosas con nosotros mismos nos enseña cómo hacer valer nuestras necesidades y qué hacer para satisfacerlas.

Di:

Antes de la próxima clase lean las páginas 61 a 72 en *"¡Defiéndete!"* (hasta "Cómo vivir feliz por siempre").

En el próximo encuentro nos ocuparemos de qué significa obtener y usar el poder personal en nuestras relaciones y en nuestra vida. Conoceremos la diferencia entre poder personal y poder de posición.

Si es necesario, informa a los estudiantes fecha y lugar del próximo encuentro.

Opcional

La octava clase incluye una actividad opcional: la "Canción de poder". Si planeas emprender esta actividad, di:

También vamos a escuchar algunas canciones referentes al poder personal. Si conocen alguna que les parezca que alude al poder personal, por favor traigan el casete o el CD un par de días antes de la próxima clase.

Recuerden que poder personal significa estar *internamente seguros y confiados*; se relaciona con ser tanto responsables como capaces de elegir, y conocerse a sí mismos. Tengan esto en cuenta cuando busquen una canción para entonar en clase.

Escucha previamente las canciones para asegurarte de que son adecuadas para tu clase, por ejemplo, debes evitar canciones con letras que sean sexistas, racistas, violentas u obscenas.

SIETE NECESIDADES

1. Relacionarnos con otras personas.

2. Tocar y ser tocados.

3. Pertenecer y sentirte "uno" entre los demás.

4. Ser diferente y estar separado.

5. Nutrir (interesarnos por otras personas y ayudarlas).

6. Sentirnos considerados, valorados y admirados.

7. Tener poder sobre nuestras relaciones y nuestra vida.

Ideas que puedes compartir o utilizar.

HABLA DE LAS COSAS CONTIGO MISMO
(HABLA DE LAS NECESIDADES)

Pregúntate: "¿Hay algo que necesito ahora mismo?" Trata de dar un nombre a tu necesidad y luego convérsalo contigo mismo. Tu conversación puede ser como sigue:

Di:
Necesito _____

Pregunta:
¿Cómo puedo satisfacer esa necesidad?

Di lo siguiente:
Puedo _____
_____
_____

Pregunta:
¿Y qué pasa si no funciona?

Di lo que sigue:
Puedo _____
_____
_____

Ideas que puedes compartir o utilizar.

Obtener y utilizar el poder personal

Panorama general

En esta clase, los estudiantes aprenden cuál es la diferencia entre poder personal y poder de posición. El primero es algo que poseen por lo que son, mientras que el segundo es algo que poseen en función de lo que hacen (su posición o papel).

> *¡Defiéndete!*
> **Tarea: lectura**
> Págs. 73 a 87

El poder personal es el tipo de poder más importante que podrán adquirir. Significa ejercer poder sobre la propia vida, incluso cuando no tengan ningún poder de posición.

Por medio de los debates, los estudiantes aprenden a identificar las alternativas con que cuentan en las situaciones en que se sienten privados de todo poder. Ser capaces de identificar estas alternativas es una forma de tomar conciencia del poder que tienen sobre sus propias vidas.

Resultados buscados

El propósito de esta clase es ayudar a los estudiantes a:

- Comprender las diferencias entre el poder personal y el poder de posición.
- Entender que sus sentimientos les permiten reconocer si las personas usan su poder de forma negativa o positiva.
- Comprender que sus sentimientos les permiten reconocer si ellos utilizan su poder de manera negativa o positiva sobre otras personas.
- Entender que cuando son capaces de elegir, quizá se sientan poderosos en lugar de impotentes.
- Identificar las alternativas con que cuentan.

Materiales

- Ejemplares del libro para estudiantes *"¡Defiéndete!"* (actividad 2).
- Pizarrón (actividades 2 y 3).
- Cuadernos de los estudiantes (actividad 3).
- *Opcional*: aparato para escuchar CD/casetes (actividad 3).

Agenda

1. Presenta la clase.
2. Revisa la tarea de lectura.
3. Conduce la actividad "Poder de posición" para que los estudiantes aprendan a identificar personas en sus vidas que tienen sobre ellos un poder de posición. *Opcional*: conduce la actividad "Canción de poder".
4. Conduce la actividad "Equilibrio de poder" para que los estudiantes aprendan formas de establecer poder equitativo en una relación. *Opcional*: prolonga esta actividad para ampliar los debates.
5. Revisa la "Lista feliz" y la "Lista de cosas hechas por mí".
6. Finaliza la clase y asigna la lectura para la novena clase.

Actividades

1. Introducción

Di lo siguiente:

> Recordarán que el poder personal tiene cuatro elementos. Ya nos hemos ocupado de tres de ellos: ser responsables de los propios sentimientos y conductas, ser capaces de elegir, y conocernos a nosotros mismos. En esta clase hablaremos acerca del cuarto elemento: obtener y utilizar el poder personal en nuestras relaciones y en nuestras vidas.

2. Lecturas

Pide a los estudiantes que lean o revisen las páginas 61 a 72 de *¡Defiéndete! Desarrolla tu poder personal y autoestima.* Pídeles que levanten la mano cuando terminen para que sepas que ya pueden continuar, pero que mantengan abiertos sus libros. Luego pregunta:

¿Cuáles son los dos tipos de poder? (*poder personal y poder de posición*)

Formula las preguntas siguientes y escribe las respuestas en el pizarrón.

¿Quién puede explicarme la diferencia entre el poder personal y el poder de posición?, ¿qué otra diferencia hay?, ¿existe alguna otra diferencia?

Se espera que los estudiantes mencionen las cuatro diferencias descritas en la página 63:

- El poder de posición es algo que obtienes "sólo porque sí"; en cambio, el poder personal es algo que obtienes *porque lo quieres y te esfuerzas* en conseguirlo.
- El poder de posición depende de tener a alguien sobre quien seamos poderoso (un rey sin gente a quien gobernar no tiene mucho poder de posición) y el poder personal depende únicamente de ti.
- El poder de posición es algo por lo que quizá tengas que esperar, pero tal vez quizá no obtengas mucho de él. El poder personal es algo que se presenta en cualquier momento, si lo deseas, y puedes obtener todo lo que quieras de él.
- Sólo algunas personas son capaces de tener poder de posición. y cualquiera ejercer poder personal. Tú puedes tenerlo, aunque *haya muchas personas con poder de posición sobre ti.*

Pregunta:

¿Por qué pelear con gente que tiene poder de posición sobre ti es una pérdida de energía? (*Probablemente no sirva para nada y puede causarte problemas. Tienes que aceptar que siempre habrá personas con poder de posición sobre ti.*)
¿Qué podemos hacer con nuestra energía en vez de pelear?

Finaliza la actividad diciendo:

En esta lectura aprendimos que hay dos tipos de poder. El poder personal es el más importante que somos capaces de obtener: significa que es factible tener poder sobre nuestras vidas, incluso si nunca tenemos mucho poder de posición.

3. Poder de posición

Di lo siguiente:

Poder de posición es aquel que tenemos no por lo que somos, sino por lo que hacemos; en otras palabras, nuestra posición o papel.

Ahora mismo hay personas en nuestras vidas que tienen poder de posición sobre nosotros, que es igual para todos.

Habla brevemente de las personas que tienen poder de posición sobre nosotros y por qué lo tienen. Luego di:

Dividan una hoja en blanco de sus cuadernos en dos columnas, dibujando una línea por el medio (*muéstrales cómo hacerlo en el pizarrón*).

Encabecen la primera columna (a la izquierda) con el título "Poder de posición sobre mí", y la segunda con "Cómo me siento al respecto" (a la derecha).

Poder de posición sobre mí	Cómo me siento al respecto

En la columna de la izquierda hagan una lista con las personas que tienen poder de posición sobre ustedes en la vida cotidiana. Pueden escribir el nombre de la persona o su posición, como padre, madre, maestro, entrenador, etcétera.

En la columna de la derecha escribe una o dos palabras que describan cómo te sientes en relación con ese poder de posición que la persona ejerce sobre ti. No estás obligado a mostrar lo que escribes a nadie, a menos que lo desees.

En la segunda columna pueden utilizar palabras que definan cómo se sienten, o signos de + y – o dibujos de caras felices, neutrales o tristes. (Puedes dibujarlas en el pizarrón: una cara feliz tiene una sonrisa, una neutral tiene una boca recta y una triste tiene una boca curvada hacia abajo).

Da a los estudiantes unos minutos para trabajar en sus listas.

¿Sienten lo mismo respecto a las diferentes personas que tienen poder de posición sobre ustedes?

¿Por qué creen que a veces se sienten bien cuando algunas personas usan el poder de posición sobre ustedes, y no tan bien cuando otras personas lo hacen? *(Los estudiantes deberían descubrir que depende en parte de qué te piden que hagas y de cómo te tratan).*

Di lo siguiente:

Elijan a una persona de su lista. Piensen en estas preguntas: si pudieran intercambiar los lugares y tener poder de posición sobre esas personas, ¿harían lo mismo que ella o él hacen?, ¿qué cosa harían diferente?

Si se imaginan a sí mismos en la posición de esa persona, ¿algo cambiará?, ¿será más fácil aceptar que él o ella tengan poder de posición sobre ustedes?

Finaliza la actividad diciendo:

Cuando aceptamos que algunas personas tienen poder de posición sobre nosotros, podemos usar nuestra energía para aumentar nuestro poder personal.

Opcional: canción de poder

Según el tiempo disponible, escuchen una o dos canciones y después de cada una pregunta lo siguiente:

- ¿Qué palabras recuerdan de la canción?
- ¿Qué creen que expresa esta canción acerca del poder personal?

Finaliza la actividad diciendo:

Nuestra cultura habla acerca del poder de muchas maneras; las canciones son una manera, el arte otra y la publicidad otra más. Empiecen a poner atención en las imágenes de poder. Cuando vean o escuchen alguna, deténganse a examinar si se refieren a poder personal o a poder de posición.

4. Equilibrio de poder

Nota: hablar del poder en las relaciones puede generar sentimientos inesperados o amenazantes, como los sentimientos acerca de cómo los estudiantes perciben el uso del poder de posición por parte de sus maestros sobre ellos. Está consciente de tus sentimientos y asegúrate de dar la atención suficiente a lo que experimentas (puedes buscar apoyo si lo necesitas).

Pregunta:

Si quieres dar a un amigo poder sobre ti, ¿cómo lo harías? *(Respuestas posibles: hacer siempre lo que él quiere, y decir siempre lo que él espera oír).*

Di lo siguiente:

A veces damos a nuestros amigos poder sobre nosotros y ni siquiera nos damos cuenta de ello. Nuestros sentimientos pueden ayudarnos a percibir cuándo cedemos nuestro poder a otro, o cuándo lo usamos sobre otra persona.

Vamos a dividirnos en cinco grupos pequeños. En el tuyo hablarás de alguna ocasión en que sentiste que *no tenías* un poder equitativo con otra persona. Puede ser incluso una situación en la cual te sentiste totalmente privado de poder.

Luego de dividir la clase en grupos pequeños, señala cada grupo y di lo que sigue:

El grupo 1 conversará sobre situaciones que se presentan con *un amigo*.

El grupo 2 hablará acerca de situaciones con *los compañeros de clase*.

El grupo 3 conversará sobre situaciones con *un hermano o hermana (asegúrate de que cada miembro del grupo tenga hermanos o hermanas; si no es así, intercámbialos con los miembros de otro grupo)*.

El grupo 4 hablará respecto a situaciones con *un maestro*.

El grupo 5 conversará sobre situaciones con *el padre o la madre*.

Di lo que sigue:

Cada uno de ustedes dará un ejemplo de una situación propia en la cual consideran que el poder no es equitativo, o en la cual se sienten privados de poder.

Después pide que imaginen formas como podrían conseguir mayor poder o un poder equitativo. Espera que hagan tantas propuestas realistas como puedan.

Escribe en el pizarrón:

---

a. Da un ejemplo.

   b. Expresa cómo te sientes.

   c. Pide sugerencias

   d. Escucha.

Procura que todos en tu grupo den su ejemplo y escuchen sugerencias.

Luego de unos minutos, reúne a los grupos y di:

Necesito un voluntario del grupo 1 para que nos cuente alguna de las situaciones que discutieron y qué sugerencias fueron hechas.

Cuando el voluntario haya terminado, pregunta a la clase:

¿Cuántos de ustedes han estado en una situación similar?

¿Alguien puede darnos otra idea o sugerencia acerca de cómo esa persona obtendría mayor poder o un poder equitativo?

Continúa hasta haber escuchado al menos a una persona de cada grupo.

Nota: Puesto que la tarea de lectura para esta clase incluye una sección sobre "Cómo lidiar con las agresiones", es posible que uno o más grupos describan una situación de agresividad. Si esto ocurre, has espacio para entablar una breve discusión sobre la agresión. Puedes revisar lo que dice sobre este tema en las páginas xx-xx del libro del estudiante.

Finaliza la actividad diciendo:

En esta actividad hablamos respecto a cómo evitar sentirnos privados de poder y sobre cómo establecer un poder equitativo. Es importante que centremos la atención en lo que tenemos poder y posibilidad de decisión, en vez de querer cambiar a los demás.

Opcional

En lugar de que cada grupo hable del poder en un único contexto (es decir, con amigos, con hermanos, etcétera), tal vez quieras programar una clase extra para que cada grupo hable del poder en todos los contextos. Esto daría a los estudiantes mayor oportunidad de explorar formas de establecer un poder equitativo en todas sus relaciones.

5. La "Lista feliz" y la "Lista de cosas hechas por mí" (repaso)

Pregunta:

¿Cómo les va con la Lista feliz y la Lista de cosas hechas por mí?

Conversen acerca de los efectos positivos que hayan descubierto desde que comenzaron a hacer las listas.

¿Les resulta fácil encontrar algo para poner en la Lista feliz, algo que los haga sonreír? ¿ Se está convirtiendo en un hábito estar conscientes de lo que los hace felices?

¿Les resulta más fácil identificar cinco cosas hechas por ustedes cada día que los hagan sentir orgullosos?

Recuerda a los estudiantes los cuatro pasos para elaborar las listas:

1. SUSPENDE todo lo que llevas a cabo y reconoce qué te hace sentir orgulloso o feliz, luego
2. EXPERIMENTA el sentimiento de orgullo o felicidad, después
3. GUÁRDALO dentro de ti y posteriormente
4. ANÓTALO lo antes posible.

Di lo siguiente:

Lo más importante es que escriban la lista todos los días, y así pronto se volverá un hábito.

La "Lista feliz" es la colección de sentimientos buenos y felices, por lo cual no dejen de almacenarlos.

La "Lista de cosas hechas por mí" es para recordarnos lo valiosos que somos. Cuando la autoestima es fuerte, podemos estar conscientes de nuestro poder personal.

6. Finalización

Sintetiza diciendo:

En esta clase aprendimos que existen dos tipos de poder: el personal y el de posición.

Conversamos entre nosotros acerca de formas de aumentar el poder personal, o de desarrollar un poder equitativo en nuestras relaciones.

Aprendimos que tener alternativas para actuar aumenta nuestro poder personal.

Di lo siguiente:

Antes de la próxima clase lean las págs 77 a 81 en *"¡Defiéndete!"* (hasta "Lista de cosas hechas por mí") lean de la 83 a la 90.

En el próximo encuentro nos ocuparemos de cómo desarrollar nuestra autoestima.

Si es necesario, informa a los estudiantes acerca de la fecha y el lugar del próximo encuentro.

Construyendo la autoestima

Panorama general

En esta clase, los estudiantes aprenden tanto el significado real de autoestima como formas de ejercitar esta autoestima. Comienzan a entender e identificar cómo sus voces internas (lo que piensan, sienten o imaginan acerca de sí mismos) influyen en su autoestima. Aprenden no sólo que algunas veces sus voces internas ejercen gran influencia en su opinión sobre sí mismos sino también a estar más conscientes de estas voces internas y a cambiarlas, de modo que los juicios que emiten continuamente sobre sí mismos se tornen positivos y auto-afirmativos. Los estudiantes también meditan acerca de lo que pueden comenzar a hacer día a día para cuidar de sí mismos y ser justos consigo mismos.

> *¡Defiéndete!*
> **Tarea: lectura**
> Págs. 93 a 98
> (antes de la
> sección "Lista
> de cosas hechas
> por mí") 93, y 103
> (desde los últimos
> 3 párrafos) a 113

Resultados buscados

El propósito de esta clase es ayudar a los estudiantes a:

- Comprender que para defenderse necesitan autoestima.
- Identificar lo bueno que poseen.
- Entender qué significa en realidad la autoestima.
- Comprender cómo convertir las voces internas críticas, de culpa y desvalorizantes en voces de autoafirmación.
- Identificar lo bueno que pueden empezar a hacer por ellos mismos.

Materiales

- Ejemplares del libro para estudiantes *"¡Defiéndete!"* (actividades 2 y 3).
- Cuadernos de los estudiantes (actividades 2 y 3).
- Tarjetas de papel y bolsita para guardarlas (actividad 4).
- Pizarrón (actividad 4).
- Fotocopias de "Proponte hacer seis cosas buenas" (pág. 104) (actividad 5).
- Hojas de papel (actividad 6).

Agenda

a. Presenta la clase.

b. Revisa la tarea de lectura.

c. Presenta la "prueba de autoestima" en las páginas 78 a 80 de *¡Defiéndete! Desarrolla tu poder personal y autoestima* y pide a los estudiantes que hagan la prueba.

d. Conduce la actividad "tiempo de responder" para que los estudiantes aprendan a transformar las voces internas demasiado críticas en voces internas de autoafirmación.

e. Asigna la actividad "Proponte hacer seis cosas buenas" como tarea para la última clase.

f. Organiza a los estudiantes con el fin de que escriban guiones para un juego de roles, que se usarán en la clase final.

g. Finaliza la clase (no hay lectura para la décima clase).

Actividades

1. Introducción

Di lo siguiente:

En esta clase centraremos la atención en la autoestima. Para poder defenderse necesitan sentirse bien con ustedes mismos, así como valiosos y útiles.

Vamos a ejercitarnos con algunos medios que nos ayudarán a desarrollar autoestima.

2. Lecturas

Pide a un estudiante que lea para todos la página 77 de *¡Defiéndete! Desarrolla tu poder personal y autoestima* y luego di:

> Abran una página en blanco de sus cuadernos. Rápidamente escriban cinco cosas buenas sobre ustedes mismos que puedan decir a un extraterrestre.

Da unos minutos a los estudiantes para que escriban y luego pregúntales:

> ¿Quién quiere compartir con nosotros una o dos cosas de las que escribió?

Haz comentarios positivos respecto a lo que los estudiantes escribieron acerca de sí mismos. ("me alegra saberlo", "no sabía eso de ti", "eso es fantástico", "es algo para enorgullecerse").

Di lo que sigue:

> Si elaboraron su "Lista de cosas hechas por mí", todos conocerán muchas más de cinco cosas buenas sobre ustedes mismos. Sus cuentas de ahorro de autoestima crecen cada día.
>
> Antes de que empecemos a aprender otras maneras de fortalecer la autoestima, hay algo importante que necesitan saber.

Lee lo siguiente en la página 95 del libro del estudiante:

> Puedes haber oído a alguien hablar sobre la autoestima y decir que es algo malo. Esa persona piensa que la autoestima significa presumir, ser arrogante y creer que es mejor que los demás.
>
> Pero se equivoca.
>
> La autoestima significa estar orgulloso(a) de ti mismo(a) y sentir ese orgullo dentro de ti. No porque te hayas dicho "Soy especial y maravilloso(a)". No porque otras personas hayan dicho "Eres especial y maravilloso(a). Las palabras no producen orgullo; las acciones lo producen. Tener autoestima significa que estás orgulloso(a) de ti mismo(a) porque has hecho cosas de las que te sientes orgulloso(a).

Di:

> Pero nadie puede *darte* autoestima, ni quitártela. La autoestima se deriva de las acciones que te hacen sentir orgulloso pero no tiene que ver con los demás, sino sólo *contigo*.

3. Escuchar tus voces internas

Di lo siguiente:

> Vamos a tomar unos minutos para aplicar una prueba de autoestima que está en su libro.
>
> Abran una página en blanco de sus cuadernos y numeren el margen izquierdo de 1 a 10.
>
> Hay 10 preguntas que leeré en voz alta. Cada una describe una situación diferente. Ustedes eligen la respuesta –a o b– que se *aproxime más* a la forma como ustedes piensan o hablan con ustedes mismos en esta situación.
>
> Desde luego las respuestas no serán *exactamente iguales* a las que ustedes darían, pero no se preocupen por eso, sino concéntrense en cómo sienten cada respuesta. ¿Cuál tiene más afinidad con ustedes, a o b? Escribe la letra de tu respuesta en tu cuaderno.
>
> No respondan como creen que *deberían* hacerlo, sino de la forma como *realmente responderían*. No tendrán que mostrar a otros sus respuestas, y nadie más que ustedes va a conocerlas. El objetivo de esta prueba es aprender algo más acerca de ustedes mismos.

Lee las preguntas y respuestas:

1. Cuando te levantas por la mañana y te ves al espejo, ¿qué dices?
   a. "¡Te ves sensacional esta mañana! Y vas a tener un día grandioso."
   b. "¡Oh, no, no tú otra vez!, ¿por qué te molestas en levantarte?"

2. Cuando fracasas en algo o cometes un gran error, ¿qué te dices?
   a. "Todos tenemos derecho a fracasar o a cometer errores cada día."
   b. "¡Lo estropeaste todo de nuevo! No puedes hacer *nada* bien. Deberías haberlo sabido."

3. Cuando tienes éxito en algo, ¿qué te dices?
   a. "¡Felicidades! Deberías estar orgulloso de ti."
   b. "Lo habrías hecho mejor si te hubieras esforzado más."

4. Acabas de hablar con alguien que tiene poder de posición sobre ti (como tu padre, un maestro o un entrenador). ¿Cuál es tu opinión?
   a. "Lo manejaste bastante bien."
   b. "¡Actuaste tan mal! *Siempre* dices tonterías."

5. Acabas de salir de tu primera reunión de un club al que ingresaste. ¿Cómo te sientes?
   a. "Estuvo divertida. Conociste a algunas personas que te cayeron bien, e incluso se rieron con las bromas que hiciste."
   b. "Hablaste demasiado y no le caíste bien a nadie. Tus bromas fueron muy tontas."

6. Acabas de salir de casa de un amigo con quien estuviste jugando; ¿qué te dices?
   a. "¡Qué divertido! Verdaderamente le caes bien a tu amigo."
   b. "Tu amigo sólo fingía que le agradabas. Probablemente nunca te invite de nuevo."

7. Cuando alguien te hace un cumplido o te dice "me caes bien", ¿cómo te sientes?
   a. "¡Te lo mereces!"
   b. "Nadie te hace un cumplido a menos que quiera algo a cambio; además, no lo mereces."

8. Cuando alguien que te interesa te queda mal, ¿qué te dices?
   a. "Hirieron tus sentimientos, pero te recuperarás. Después podrás averiguar qué sucedió."
   b. "Esto prueba que dicha persona no se interesa en ti."

9. Cuando quedas mal con alguien que te interesa, ¿qué te dices?
   a. "No es agradable ni divertido, pero algunas veces las personas nos fallamos mutuamente. Admite lo que hiciste y continúa tu vida."
   b. "¿Cómo pudiste hacer algo tan terrible?"

10. Cuando te sientes necesitado o inseguro, ¿qué te dices?
    a. "Todos nos sentimos así algunas veces. Busca un abrazo de mamá, o envuélvete en las cobijas y pronto te sentirás mejor."
    b. "¡Crece! No seas tan infantil.¡Es tan desagradable!"

Di lo siguiente:

Ahora cuenten sus respuestas "a" y multiplíquenlas por 10.
Cuenten sus respuestas "b" y multiplíquenlas por 5.
Sumen las dos puntuaciones, y busquen las claves de interpretación en la página 81 de su libro para averiguar qué sugiere tu puntuación acerca de tu autoestima.
Si no quieres, no tienes que mostrar tu puntuación a nadie, sino que es para tu información.

Pregunta:

¿Cuántos de ustedes están de acuerdo con la calificación de su autoestima?

Di:

Si tu puntuación es baja, no te preocupes. Ya estás practicando un método importante para desarrollar la autoestima: la Lista de cosas hechas por mí. Hoy aprenderemos nuevos métodos.

Antes de acabar con el cuestionario y pasar a otra cosa, repasaremos las respuestas otra vez.

Abran de nuevo su libro en las páginas del cuestionario (79 y 80).

Algunas veces nos culpamos o nos criticamos demasiado. Si lo hacemos con mucha frecuencia, nuestra estima disminuirá. Algunas de las respuestas del cuestionario son ejemplos de cómo nos culpamos o criticamos.

Lee las respuestas hasta encontrar un ejemplo de cuando nos echamos la culpa. ¿Qué hallaron?

Ahora encuentren un ejemplo de cuando nos criticamos. ¿Cuál es?

¿Pueden hallar otra respuesta que implique culpa o crítica?

Si los estudiantes tienen dificultades con esto, sugiere que lean las respuestas b. Luego di:

Piensen por un instante en ustedes mismos.¿Se culpan o se critican?, ¿un poco?, ¿mucho?, ¿de vez en cuando? No es necesario que respondan en voz alta, sino sólo piénsenlo.

A veces nos comparamos con otras personas; cuando lo hacemos, casi siempre perdemos en la comparación: las otras personas son más inteligentes, más guapas, corren más rápido o tienen más amigos.

Si pasamos mucho tiempo haciendo comparaciones, acabaremos por pensar que no seremos valiosos o útiles a menos que seamos mejores que otra persona.

¿Pueden encontrar en el cuestionario una respuesta que sea un ejemplo de comparación?

Si los estudiantes no la hallan, diles que se fijen en la respuesta "b" de la pregunta 5.

Pregunta:

¿Alguna vez se comparan con otras personas?, ¿lo hacen con frecuencia? No respondan nada en voz alta, sino sólo piénsenlo.

Finaliza la actividad diciendo:

La culpa, la crítica y la comparación son voces internas antipáticas que escuchamos en algunas ocasiones. Y que hieren nuestra autoestima. Pero no tenemos que escucharlas. ¡Podemos responderles!

4. Tiempo de responder

Pregunta:

¿Qué crees que es una voz interna? *(Deberían responder que es la forma comonos hablamos a nosotros mismos. Es qué nos decimos, cómo nos trata-*

mos, cómo nos comportamos hacia nosotros de tal modo que provoca senti-mientos positivos o negativos).

Di lo siguiente:

Si tu voz interna te culpa, te critica o te compara, podrás modificarla. Hay tres formas de hacerlo.

Escribe en el pizarrón:

Encontrar otras palabras para decirte a ti mismo.
Tener nuevos sentimientos de amor y respeto por ti mismo.
Imaginar una nueva voz interna que suene como la voz
de alguien que te quiere y te apoya.

Pregunta:

¿Recuerdas alguna situación en que a veces te echas la culpa o te criticas?

Reparte las tarjetas de papel. Di:

Escribe algo que te dices cuando eres duro contigo. No tienes que firmar la tarjeta, sino al terminar échala en la bolsa.

Date algunos minutos para leer las tarjetas en silencio y luego di:

Nos decimos muchas cosas feas, ¿no?, yo también lo hago. Siempre me sorprendo diciéndome " _____ , eres tan _____ ."
(llena el espacio con tu nombre y algo que te dices a ti mismo: impaciente, necio, distraído, torpe, etcétera).

Di lo que sigue:

Voy a escribir en el pizarrón cinco de las cosas que escribieron ustedes. No se preocupen, pues nadie se va a enterar de quién lo escribió.

Escribe cinco comentarios de los estudiantes en el pizarrón y después di:

Podemos entrenarnos para cambiar nuestras voces internas antipáticas.
Primero vamos a pensar en nuevas palabras. Si nos decimos algo como esto *(señala un comentario escrito en el pizarrón)* ¿qué otras palabras nue-vas podríamos decirnos?

Guía a los estudiantes con el fin de que encuentren alternativas positi-vas para los cinco comentarios antipáticos (puedes comenzar dando un ejemplo). Luego di:

Ahora vamos a pensar en sentimientos nuevos. De lo que hicimos en este taller, ¿qué puede ayudarnos a recordar sentimientos felices o de orgullo? *(la Lista feliz y la Lista de cosas hechas por mí)*.

Estos sentimientos y recuerdos pueden ayudarnos a cambiar nuestras voces internas? En lugar de "eres tan _____ ", podemos decirnos "¿te acuerdas cuando _____ ?"

Escribe en el espacio en blanco del pizarrón las palabras positivas propuestas por algún estudiante relacionadas con uno de los comentarios negativos que escribiste antes. Luego escribe algún sentimiento positivo, el cual tendrás que inventar, pues no sabes qué escribieron los estudiantes en su Lista feliz y en su Lista de cosas hechas por mí. Busca ejemplos en la página 82.

Di lo que sigue:

Finalmente, tratemos de imaginar nuevas voces que sean como las de personas que te quieren y apoyan.

Piensa en alguien que te quiere, respeta, admira y ayuda. Imagina la voz de esa persona. Si dicha persona te oyera decir _____ *(di uno de los comentarios negativos que escribieron los estudiantes)*, ¿qué expresaría en lugar de lo que tú afirmaste?

Di estas palabras a ti mismo. Imagina a esa otra persona diciéndolas. En lugar de tu voz, oye la de esa persona en tu cabeza.

¿Alguien quiere contarnos en quién está pensando?, ¿qué voz escuchan?

Finaliza la actividad diciendo:

La próxima vez que oigan una voz interna antipática, traten de recordar lo que puede ayudarlos a transformarlas en voces positivas y de aprobación: nuevas palabras, nuevos sentimientos, o la voz reconfortante y alentadora de alguien que los quiere.

Estas tres cosas te ayudarán a construir tu autoestima.

5. Proponte hacer seis cosas buenas

Reparte fotocopias de "Proponte hacer seis cosas buenas" y luego di:

Ésta es la tarea para sus casas.

Cuando lleguen a casa, lean las seis cosas buenas al comienzo de la hoja y después completen los espacios en blanco más abajo.

Haz tantas cosas buenas como puedas antes de la próxima clase. Trae tu hoja a la clase. Luego vamos a conversar sobre eso.

Si necesitas ideas, consulta las páginas 87 y 88 de *¡Defiéndete! Desarrolla tu poder personal y autoestima.*

6. Escribir un guión para un juego de roles

Reparte las hojas de papel en blanco.

En este taller aprendimos nuevas formas de defendernos. La próxima semana, en nuestra última clase, actuaremos diversas maneras de defendernos en un juego de roles, usando las ideas que vamos a imaginar hoy.

Escribe acerca de algo que ocurre en tu vida, por ejemplo: una situación en la que tienen que defenderte por ti mismo. No firmes con tu nombre, sino sólo describe una situación.

Si a los estudiantes les resulta difícil pensar en qué escribir, dales algunos ejemplos:

- Otro niño en la escuela se burla de ti.
- Tu hermana cambia de canal cuando miras la televisión.
- Tus padres te hacen ir a la cama todas las noche a las 21:00 horas, pero tú piensas que es demasiado temprano.
- Tu entrenador de futbol te grita frente a todo el equipo, especialmente cuando te equivocas.

Concede un tiempo para que los estudiantes escriban y luego recoge sus hojas.

Finaliza la actividad diciendo:

La próxima semana desarrollaremos todas estas escenas actuándolas, hasta que se nos acabe el tiempo. Esto nos dará nuevas ideas acerca de cómo defendernos.

Nota: si no tuviste el tiempo para terminar esta actividad de escritura pero de todas formas quieres participar en el juego de roles, puedes usar las ideas que figuran en "Guiones para juego de roles", en la página 113.

7. Finalización

Sintetiza diciendo:

En esta clase aprendimos algunos métodos para fortalecer la autoestima.

Hicieron una prueba para averiguar en qué nivel se encuentra su autoestima y reflexionaron si estaban o no de acuerdo con la calificación. De todas formas, ustedes ya saben que la Lista de cosas hechas por mí puede ayudarlos a desarrollar su autoestima.

Meditaron acerca de las formas como nos culpamos, nos criticamos y nos comparamos. Aprendimos cómo transformar una voz interna antipática en una interna positiva y alentadora

Di lo siguiente:

Antes de la próxima clase hagan su tarea. Completen la fotocopia de "Proponte hacer seis cosas buenas", pongan en práctica algunas de sus ideas (pueden empezar hoy) y traigan la fotocopia para la próxima clase, la cual es la última de este taller.

Si es necesario, informa a los estudiantes acerca de la fecha y el lugar del próximo encuentro.

Antes de la próxima clase

Durante la clase final vas a pedir a los alumnos que realicen una evaluación del taller (ver "Consideraciones acerca de las evaluaciones", pág. 6-7). Puedes usar el modelo de la página 114 o crear tu propia evaluación. Tendrás que decidirlo con anticipación para tener las fotocopias disponibles la próxima clase.

Si quieren pedir a los padres que hagan también una evaluación del taller, puedes usar el modelo de evaluación de la página 115 o crear uno propio. Prepara las fotocopias para la próxima clase si quieres enviarlas a casa con los estudiantes.

PROPONER HACER SEIS COSAS BUENAS

a. Elige algo para hacer sólo con el fin de divertirte, todas las veces que puedas.
b. Date un pequeño placer todos los días. Puede ser cualquier cosa, basta con que te guste.
c. Perdónate por algo que hiciste en el pasado.
d. Haz al menos una cosa cada día que sea buena para tu cuerpo.
e. Lleva a cabo al menos una cosa cada día que sea buena para tu cerebro.
f. Encuentra personas adultas en las que confíes con quines puedas hablar. Deja que tus sentimientos guíen tu elección. Elige tres o más personas con quienes te sientas seguro: a las que te quieren lo suficiente para escucharte y tratar de comprender cómo te sientes.

Mi plan

1. Voy a hacer esto sólo para divertirme.

_____

2. Voy a darme este pequeño placer.

_____

3. Voy a hacer esto por mi cuerpo.

_____

4. Voy a hacer esto por mi cerebro.

_____

5. Éstos son los adultos en quienes puedo confiar.

_____

_____

_____

Ideas que puedes compartir o utilizar.

De ahora en adelante, ¡defiéndete!

Panorama general

En esta clase final se repasan las formas de defenderse que los estudiantes vieron durante el taller. Por medio del juego de roles, los estudiantes podrán manifestar su comprensión de los diversos instrumentos que pueden utilizar para defenderse.

Resultados buscados

El propósito de esta clase es ayudar a los estudiantes a:

- Repasar el uso de los diferentes instrumentos que vieron durante el taller: la "Lista feliz", la "Lista de cosas hechas por mí" y "Hablar de las cosas contigo mismo".
- Imaginar, por medio del juego de roles, formas de defenderse.
- Evaluar el progreso hacia sus objetivos, que descibieron en el ejercicio escrito de la primera clase, actividad 6.
- Realizar una valoración final del taller.

Materiales

- *Opcional*: fotocopias de los guiones de "Hablar de las cosas contigo mismo" (págs. 54 a 56) para usarlas como referencia (actividad 4).
- Cuadernos de los estudiantes (actividades 4 y 7).
- La tarea de "Proponte hacer seis cosas buenas", pedida en la novena clase, ya completada por los estudiantes (quienes deben llevarla a clase) (actividad 2).

- Los guiones escritos por los alumnos en la novena clase (que recogiste al finalizar la clase) y una caja o sobre para guardarlos (actividad 6).
- *Opcional*: fotocopias de "Guiones para juego de roles" (pág. 113) (actividad 6).
- Fotocopias de la "Evaluación del taller por los estudiantes" (pág. 114) o tu propio modelo de evaluación (actividad 8).
- *Opcional*: fotocopias de la "Evaluación del taller por los padres" (pág. 115) o tu propio modelo de evaluación (actividad 8).

Agenda

a. Presenta la clase.

b. Revisa la tarea asignada en la novena clase ("Proponte hacer seis cosas buenas").

c. Conduce el debate "Nuestras listas: otra mirada".

d. Dirige la actividad "Continúa hablando de las cosas contigo mismo".

e. Conduce la actividad "Algo que hago para defenderme".

f. Dirige la actividad de juego de roles, en la que los estudiantes colaboran entre sí para desarrollar diversas maneras de defenderse.

g. Pide a los estudiantes que hagan una autoevaluación de su progreso en el taller. Van a releer los objetivos que anotaron en la primera clase y a evaluar si los alcanzaron o no.

h. Pide a los estudiantes que hagan una evaluación final del taller.

i. Finaliza la clase.

Actividades

1. Introducción

Di lo siguiente:

En esta clase final repasaremos algo de lo que aprendimos durante el taller.

También participaremos un poco en el juego de roles, para que nos ayude a encontrar nuevas maneras de defendernos.

2. Proponte hacer seis cosas buenas

Di:

En la última clase les asigné una tarea para que la hagan en su casa. Vamos a ver cómo les fue.

Saca tus fotocopias de la tarea de "Proponte hacer seis cosas buenas".

Pregunta:

¿Quién quiere contarnos qué hizo sólo por diversión?

¿Quién se dio un pequeño placer?, ¿qué fue?, ¿les resultó difícil imaginar un pequeño placer para darse cada día?, ¿cómo podrían hacerlo más sencillo?

¿Quién quiere hablar sobre perdonarnos a nosotros mismos por algo que hicimos en el pasado?, ¿fue difícil?, ¿por qué creen que es importante perdonarse a sí mismo?

¿Qué cosa buena hicieron para el cuidado del cuerpo?, ¿alguien decidió modificar su manera de comer?, ¿o dormir mejor?, ¿o hacer ejercicio?

¿Qué cosa buena hicieron para el cuidado del cerebro?, ¿encontraron algo nuevo para leer, o para pensar, o para mirar, o para escuchar?

Tal vez hallaron a una persona adulta con quien conversar, alguien que los ayude a responder algunas preguntas, o que tiene interés por escuchar los que ustedes piensan. ¿Alguien quiere contarnos algo al respecto?

Finaliza la actividad diciendo:

Recuerden: una manera de defendernos es cuidarnos. La forma de cuidarnos un día puede ser diferente de cómo nos cuidaremos al siguiente. Lo que cuenta es perseverar, lo cual será importante en el transcurso de toda nuestra vida.

3. Nuestras listas: otra mirada

Di:

Podemos entrenarnos para advertir lo bueno que hacemos y que nos hace sentir orgullosos. ¿Qué instrumento de los que aprendimos nos ayuda a lograr esto? *(deberían mencionar la Lista de cosas hechas por mí)*.

¿Por qué es tan importante coleccionar buenos sentimientos?, ¿cómo podemos hacerlo? *(deberían hablar de la Lista feliz)*.

No olviden que las listas son importantes, de modo que continúen sumándoles cosas. La "Lista feliz" es un buen método para coleccionar y almacenar buenos sentimientos, mientras que su "Lista de cosas hechas por mí" es una "Cuenta de ahorros" de autoestima.

¿Qué pasaría si tuvieran un sentimiento que quieren coleccionar, o si hacen algo de lo que están orgullosos, pero no tuvieran con ustedes un cuaderno para escribirlo? (Suspende *todo lo que estás llevando a cabo y reconoce qué te hace sentir orgulloso o feliz*, luego experimenta *el sentimiento de orgullo o felicidad, después* guárdalo *dentro de ti y posteriormente* anótalo *lo antes posible*).

Incluso si no llevan con ustedes un cuaderno todo el tiempo, podrán llevar un papel en el bolsillo para sus listas.

Sugiere a los estudiantes que lleven cuadernos que puedan cargar y usar a lo largo del día. Puedes mostrarles algunas libretas pequeñas, quizá las que usas para hacer tus listas, o mostrarles hojas de papel en las que hayas estado escribiendo. Diles que existen muchas clases de libretas que pueden llevar en sus bolsillos, carteras o mochilas.

Di lo que sigue:

Planifica tu tiempo de tal manera que puedas revisar tus listas durante los últimos minutos antes de irte a dormir. Así revivirás los sentimientos de felicidad y de orgullo.

Cada cierto tiempo lee tus listas y disfruta tus buenos sentimientos otra vez, o elige algo para experimentarlo de nuevo.

4. Continúa hablando de las cosas contigo mismo

Nota: mientras conduces esta actividad, tal vez vas a referirte a los guiones en las páginas 54-56.

Di lo siguiente:

¿Qué cosas podemos conversar con nosotros mismos? *(sentimientos, necesidades y sueños)*.

¿Alguien puede explicarme cómo hablar de las cosas con nosotros mismos? Comencemos por los sentimientos: ¿cómo hablar de ellos con nosotros mismos?, ¿cómo podemos empezar?, ¿Qué preguntas podemos hacer? *(¿Cómo me siento hoy?)*

Luego de llamar por su nombre al sentimiento, ¿qué más podemos preguntar? Busquen el guión de la "conversación" en sus libros, si necesitan ayuda para recordar. *(Cuando reconocen el sentimiento, se preguntarán: "¿Por qué estoy sintiéndome _____ ?, ¿qué me hace sentir así?" Luego te preguntarás qué puedes hacer al respecto.)*

Sigue este procedimiento para repasar el proceso de cómo hablar contigo mismo acerca de tus necesidades y tus sueños.

Finaliza la actividad diciendo:

> No siempre es posible encontrar con quién hablar, aunque de verdad tengan necesidad de hablar. Pero siempre pueden referirse a las cosas con ustedes mismos, lo cual puede ayudarles tanto a comprender sus sentimientos, sueños y necesidades, como a darles ideas sobre qué hacer al respecto.

5. Una nueva cosa que hago para defenderme

Di lo que sigue:

> Voy a recorrer el salón. Quiero que cada uno me cuente una cosa nueva que esté haciendo para defenderse por sí mismo frente a otras personas.

Da a cada estudiante la posibilidad de participar y luego di:

> Ahora voy a recorrer el salón otra vez. Quiero que cada uno me cuente una cosa nueva que esté haciendo para defenderse por sí mismo frente a ustedes mismos.

Si a los estudiantes les resulta difícil esta consigna, puedes preguntarles; "Ahora cuando se equivocan, ¿actúan de manera diferente de como lo hacían antes?"

Felicita a los estudiantes porque se están defendiendo por sí mismos y después di:

> Continúen prestando atención a las maneras como se están defendiendo y felicítense por ello.
>
> Podremos aprender mucho si observamos cómo se defienden otras personas. Vamos a hacerlo.

6. Juego de roles

Di:

> En la última clase, cada uno escribió sobre algo que ocurre en sus vidas, una situación en la que les gustaría defenderse.
>
> Vamos a actuar algunas de esas situaciones; así podremos aprender unos de otros.

Divide la clase en parejas, cada una de las cuales actuará al menos una situación o más, según el tamaño de tu clase y el tiempo disponible.

Pide a un integrante de cada pareja que se acerque y tome un pedazo de papel (guiones para las escenas del juego de roles) de la caja o bolsa.

Nota: si no hubo tiempo en la novena clase para escribir las escenas, reparte fotocopias de "Guiones para juego de roles". Asigna una escena a cada pareja o deja que los estudiantes elijan la que quieran.

Cuando cada pareja tenga su guión, di:

> Lean la situación que van a interpretar y desarrollar y luego decidan cómo van a repartirse los papeles. Tendrán unos minutos para ensayar.

Después de unos minutos reúne la clase otra vez. Pide voluntarios para pasar primero y diles que lean en voz alta los guiones de las escenas, y que luego comiencen el juego de roles.

Cuando acabe el juego, pregunta a la clase:

> ¿Qué buenas ideas encontraron en este juego de roles?, ¿comprenden qué podrían hacer para defenderse en esta situación?, ¿qué cosas están claras? ¿qué cosas no lo están?

Da unos minutos para el debate y luego agradece a la primera pareja y llama a otros voluntarios.

Continúa con este procedimiento –juego de roles y después debate– hasta que todas las parejas hayan participado. Posteriormente pregunta a la clase:

> ¿Aprendieron al menos una nueva manera de defenderse?, ¿en qué situación piensan ponerla en práctica?

Di:

> Cada uno de nosotros es un modelo de rol para los demás.
>
> Podemos aprender mucho de los demás. Siempre tenemos que tomar nuestras decisiones porque somos responsables de nuestra conducta y nuestros sentimientos, pero es bueno poner atención a las ideas que pueden darnos los demás.

7. Autoevaluación de los estudiantes

Di:

> Durante la primera clase, cada uno de ustedes se fijó un objetivo para este taller, el cual describieron por escrito en sus cuadernos. Ahora quiero que busquen esa página.

Escribieron un final para la oración siguiente:

En este taller, quiero aprender nuevas maneras de defenderme cuando...

Tómense unos minutos para escribir, en la misma hoja, algunas de las nuevas maneras de defenderse que aprendieron. Esto es sólo para ustedes, por lo cual no es necesario que lo compartan con nadie más.

Pregunta:

¿Cuántos de ustedes creen que alcanzaron sus objetivos?

Recuerda a los estudiantes que los cambios toman tiempo. Aunque todavía no se hallen donde quieren, están aprendiendo y creciendo. No han fracasaso.

8. Evaluación del taller por los estudiantes

Reparte fotocopias de la "Evaluación del taller por los estudiantes" o tu modelo de evaluación. Di:

Ahora quiero saber cuál es la opinión de ustedes acerca de este taller. Voy a darles un cuestionario para que lo completen. Por favor expresen lo que quieran decirme sobre el taller. Me ayudará cuando haga el taller con otro grupo de estudiantes. Si necesitan más espacio para escribir, pueden usar el otro lado de la hoja.

Da unos minutos para que completen la evaluación. Asegúrate de recoger todas las hojas antes de que los estudiantes dejen el salón de clases.

Opcional: evaluación del taller por los padres

Si quieres pedir a los padres que hagan su evaluación del taller, puedes dar a los estudiantes fotocopias de "Evaluación del taller por los padres" para que se la lleven a sus casas.

9. Finalización

Sintetiza diciendo:

En este taller aprendimos nuevos métodos para fortalecer la autoestima y para defendernos. Ahora tienen algunos instrumentos que pueden usar todos los días, y los repasaremos en esta clase. La "Lista feliz", la "Lista de cosas hechas por mí" y "Hablar de las cosas contigo mismo".

Di:

Gracias por participar compartiendo sus sentimientos y pensamientos, y ayudándose mutuamente a aprender nuevas formas de defenderse. Recuerden, los cambios llevan su tiempo. Continúen ejercitándose con los medios que aprendieron.

Pueden seguir desarrollando poder personal y autoestima por el resto de la vida. Continúen fortaleciendo la seguridad y la confianza.

GUIONES PARA JUEGO DE ROLES

a. Estás en el cine y la persona sentada detrás de ti molesta y hace ruido.

b. Un maestro te da instrucciones incompletas para hacer una tarea, por lo cual no obtienes una buena calificación.

c. Tus padres te culpan por algo que no hiciste.

d. Tus padres rompen una promesa que te hicieron.

e. Un amigo te dice que tu participación en el concurso fue deficiente.

f. Alguien en tu clase siempre te está molestando y burlándose de ti.

g. Alguien te toma el pelo con el muchacho o la joven que te gustan.

h. Estás con un grupo de amigos, quienes planean vengarse de alguien que hizo algo que a ellos no les gustó. Tú les dices que no quieres participar, por lo cual ellos se molestan contigo.

i. La maestra hace una pregunta. Tú levantas la mano y nadie más lo hace. La maestra no te llama.

j. Tu entrenador no expresa ningún reconocimiento por el esfuerzo de tu equipo.

Ideas que puedes compartir o utilizar.

Evaluación del taller por los estudiantes

1. Hago mi Lista feliz... (*marca tu respuesta*)
   todos los días   casi todos los días   a veces   nunca

2. Hago mi Lista de cosas hechas por mí...
   todos los días   casi todos los días   a veces   nunca

3. Una forma como aprendí a defenderme es (*escribe tu respuesta*)
   _____

   _____

4. Hablo conmigo mismo de mis *sentimientos*...
   todos los días   casi todos los día   a veces   nunca

5. Hablo conmigo mismo de mis *sueños*...
   todos los días   casi todos los días   a veces   nunca

6. Hablo conmigo mismo de mis *necesidades*...
   todos los días   casi todos los días   a veces   nunca

7. Estoy más atento a mis voces internas...
   todos los días   casi todos los días   a veces   nunca

8. El recurso que más me ayudó en este taller fue
   La Lista feliz   La Lista de cosas hechas por mí
         Hablar de las cosas contigo mismo

9. En este taller aprendí sobre todo acerca de...
   _____

10. Me habría gustado que nos ocupáramos un poco más de
    _____ en este taller.

11. Me habría gustado que nos ocupáramos un poco menos de
    _____ en este taller.

12. ¿Tienes algún otro comentario o sugerencia? Escríbelos en el reverso de esta hoja.

Ideas que puedes compartir o utilizar.

EVALUACIÓN DEL TALLER POR LOS PADRES

1. ¿Ha observado algún cambio en el comportamiento de su hijo/a desde que empezó a tomar el taller? En particular, ¿ha advertido algo que le indique que su hijo/a desarrolla nuevas maneras de defenderse?
Si le parece, por favor describa lo que ha observado.
_____
_____
_____

2. ¿Su hijo/a llevó a casa el libro *¡Defiéndete! Desarrolla tu poder personal y autoestima* y le permitió leerlo?
Sí   No

3. ¿Leyó usted el libro?
Sí   No

4. ¿Su hijo/a conversó con usted acerca de lo que hacía en el taller?
todos los días   casi todos los días   a veces   nunca

5. ¿Su hijo/a le comentó acerca de la "Lista feliz" y la "Lista de cosas hechas por mí"?
Sí   No

6. ¿Considera usted que este taller fue una buena experiencia para su hijo/a?, ¿por qué sí o por qué no?
_____
_____
_____

7. Cuando volvamos a dar el taller, ¿qué piensa que deberíamos decir a los padres?
_____
_____
_____

8. ¿Tiene algún otro comentario o sugerencia? Si lo tiene, por favor escríbalos en el reverso de esta página.

Por favor regrese este cuestionario a _____

Ideas que puedes compartir o utilizar.

Actividades paralelas
al programa de estudios

Actividades relacionadas con el programa de estudios

Las actividades presentadas en esta sección te permiten reforzar los conceptos que los estudiantes aprenden en el taller, los cuales están vinculados con otras áreas del programa de estudios.

Literatura y escritura creativa

1. Pide a los estudiantes que encuentren en una novela o un cuento algunos ejemplos de cómo el autor nos hace saber qué sienten los personajes.

   Da los ejemplos siguientes:

   Miraba el suelo mientras caminaba. Tenía sus manos en los bolsillos.
   ¿Qué sentía?, ¿por qué?

   Prácticamente andaba a los saltos por la sala.
   ¿Qué sentía?, ¿por qué?

   Juan miró el resultado de su examen y exclamó "¡Sí!"
   ¿Qué sentía?, ¿por qué?

2. Pide a los estudiantes que escriban un párrafo que describa un sentimiento, sin nombrar el sentimiento.

Ciencias sociales

1. Pide a los estudiantes que busquen fotos de personas en periódicos y revistas. Pregúntales qué piensan que esas personas.

2. Di a los estudiantes que una manera como los políticos consiguen el apoyo del público consiste en incluir los sentimientos de la gente en algún asunto. Pídeles que vean en la televisión las noticias de la noche y que traten de encontrar un ejemplo de

una situación en la cual un político haya intentado generar en la gente determinado sentimiento. Pídeles que te cuenten qué cosa de lo dicho por el político los llevó a pensar que se trataba de un intento de desencadenar en la gente cierto sentimiento acerca del asunto.

3. Encuentra titulares en diarios o revistas que nombren sentimientos o que describan/generan sentimientos.

4. Pide a los estudiantes que investiguen si la gente de otras culturas expresa sus sentimientos de la misma manera.

Arte

Para que los alumnos aprendan a dibujar indicios no verbales de conductas, pídeles que dibujen objetos inanimados que se vean como si tuviesen sentimientos. Divídelos en grupos y pídeles que sugieran ideas por ejemplo: un lápiz molesto, una casa triste, una mesa deprimida y una lámpara furiosa.

Cine y televisión

Muestra en video una película con el sonido apagado. Pide a los estudiantes que adivinen los sentimientos que muestran los personajes según sus caras y actitudes corporales. Usa la lista de sentimientos en la página 20 de *¡Defiéndete! Desarrolla tu poder personal y autoestima.*

Música

Pide a los estudiantes que lleven a la clase casetes o CDs con canciones que siempre los ponen alegres. Escucha previamente las canciones, y puedes usar como música de fondo durante otra actividad grupal las que consideres apropiadas.

Otros idiomas

Pide a los estudiantes que traduzcan los nombres de sentimientos a otros idiomas que conozcan o que estén aprendiendo, por ejemplo: podrán hacer láminas con el nombre del sentimiento en inglés y en todos los idiomas que puedan encontrar.

Actividades sociales

Una parte importante de este curso es la interacción social entre estudiantes. Durante el curso, puedes organizar actividades sociales que se extiendan más allá del horario del taller. Algunas ideas al respecto son las siguientes:

Recreos

Durante los recreos, sugiere a los estudiantes que conozcan a alguien a quien todavía no conocen.

Di a los estudiantes que tendrán un "Minuto de fama" después del recreo. En ese minuto, cualquiera del grupo puede contar algo interesante que conoció de alguna persona durante el recreo.

Llamadas telefónicas

Cuando los estudiantes hacen nuevos amigos, a veces les da temor hablarse por teléfono; por ello, puedes organizar que cada estudiante intercambie su número con otra persona. Durante la semana se llamarán para preguntarse simplemente cómo están. Ellos deciden quién llamará primero. Pídeles que piensen de qué cosas pueden conversar y pregúntales por qué a veces hacer una llamada telefónica los pone nerviosos, por ejemplo: tal vez imaginan que la otra persona no se alegrará con su llamada, o temen que otra persona conteste el teléfono.

Fiestas

Planea una fiesta para el fin del taller y solicita voluntarios para que te ayuden a planear. Pide a los voluntarios que hagan una "receta" para la fiesta en la cual se indique a cada compañero qué cosa debe llevar a la fiesta por ejemplo: una broma, un juego de mesa, una lata de refresco, dos botanas para compartir.

Acerca de los autores

Gershen Kaufman estudió en la Universidad de Columbia y recibió el doctorado en psicología clínica de la Universidad de Rochester. Actualmente es profesor en el Centro de Consultoría y en el Departamento de Psicología de la Universidad del Estado de Michigan. También es autor de *Shame: the Power of Caring* (Rochester, Vermont: Schenkman Books, 1992) y de *The Psyichology of Shame: Theory and Treatment of Shame-Based Syndromes* (Nuev36a York: springer Publishing Co., 1996); además, es coautor con Lev Raphael de *Dynamics of Power: Fighting Shame and Building Self-Esteem* (Rochester, Vermont: Schenkman Books, 1991). Y *Coming Out of Shame* (Nueva York: Doubleday, 1996).

Lev Raphael estudió en la Universidad Fordham y recibió su título en escritura creativa de la Universidad de Massachusetts en Amherst. Tiene un doctorado en estudios americanos en la Universidad del Estado de Michigan, en la que ha impartido cátedra como profesor asistente en idioma y pensamiento americanos. Premiado como escritor, ha publicado más de una docena de historias cortas en revistas, incluidos *Red Book, Comentary* y *Midstream*. Con Gershen Kaufman diseñó e impartió el programa *Psycological Health and Self Esteem*, en el cual se basan *Dynamics of Power: Building a Competent Self* y este libro.

Pamela Espeland fue autora y coautora de varios libros para niños y adultos, incluidos *What Kids Need to Succeed, What Teens Need to Succeed, Making the Most of Today* y *Making Every Day Count*, todos para Free Spirit Publishing.

Esta obra se terminó de imprimir
en diciembre de 2006, en los Talleres de

IREMA, S.A. de C.V.
Oculistas No. 43, Col. Sifón
09400, Iztapalapa, D.F.